I0795862

Este libro pertenece a

____

... una jovencita conforme
al corazón de Dios.

UN VIAJE POR EL LIBRO DE SANTIAGO

Vive tu fe

ELIZABETH GEORGE

EDITORIAL PORTAVOZ

La misión de *Editorial Portavoz* consiste en proporcionar productos de calidad —con integridad y excelencia—, desde una perspectiva bíblica y confiable, que animen a las personas a conocer y servir a Jesucristo.

Título del original: *Living Your Faith,* © 2017 por Elizabeth George y publicado por Harvest House Publishers, Eugene, Oregon, 97408, U.S.A.

Imágen de la cubierta © Nikaterron, David M. Schrader, EVA105 / Shutterstock; flower-vase / Storyblocks

Traducción: Belmonte Traductores

Las cursivas en los versículos bíblicos son énfasis de la autora.

EDITORIAL PORTAVOZ
2450 Oak Industrial Drive NE
Grand Rapids, Michigan 49505 USA
Visítenos en: www.portavoz.com

ISBN 978-0-8254-5896-5 (rústica)
ISBN 978-0-8254-6797-4 (Kindle)
ISBN 978-0-8254-7619-8 (epub)

2 3 4 5 edición / año 28 27 26 25 24

Impreso en China
Printed in China

Contenido

Una nota para ti 7

1. Tiempos difíciles 11

2. Confianza en Dios 23

3. Jugar a "favoritos" 35

4. Sé auténtica 47

5. Doma tu lengua 59

6. Haz lo correcto 69

7. Acércate a Dios 83

8. Cuidado con lo que dices 99

9. ¿Qué hay en tu corazón? 113

10. Cómo llegar a ser una jovencita conforme al corazón de Dios 127

Tu viaje con Jesús 139

Notas 143

Una nota para ti

¡Hola! Soy Elizabeth, ¡y estoy muy feliz de conocerte! Me alegra mucho que tengas este libro en tus manos. No puedo decirte cuán emocionada estoy de que tú y yo hagamos juntas este viaje por el libro de Santiago.

Mientras te preparas para este emocionante viaje, aquí tienes una pequeña lista de cosas para hacer que te ayudará a comenzar la aventura de vivir tu fe.

Abre tu corazón...

...a tus amigas. ¡Será genial emprender esta aventura con tus amigas! Mientras más muchachas se junten, más divertida será su aventura. Y no olvides preguntarle a tu mamá si quiere completar este libro contigo.

...y ora. Pídele a Jesús que te ayude a entender cuánto te ama y también lo que significa ser una jovencita conforme a su corazón.

Abre tu libro...

...¡y sumérgete en la Biblia! He incluido el texto del libro entero de Santiago para que puedas seguirlo fácilmente, y para que puedas responder a las preguntas de cada capítulo. Todo lo que necesitas está aquí, excepto tu pluma o lápiz favorito. Como esto es un estudio bíblico, ten la libertad de subrayar versículos, rodear palabras con un círculo, escribir notas para ti, e incluso dibujar, colorear o pintar. Haz lo que más te ayude a entender mejor el significado de un versículo o pasaje de la Biblia.

Al final de cada capítulo de este libro descubrirás cuatro maneras divertidas y útiles de sellar las verdades de Dios en tu corazón y hacerlas parte de tu vida diaria como una jovencita conforme al corazón de Dios:

- **Una mirada a tu corazón** se enfoca en tu corazón porque es ahí donde se forman tus actitudes, donde se toman tus decisiones y de donde salen tus palabras.
- **Una revisión de tu corazón** muestra qué está ocurriendo en tu corazón y qué decisiones hay que tomar para cambiar.
- **Una oración para hacer** te ayudará a hablar con Dios sobre tu deseo de crecer en tu relación con Él.
- **Sabiduría de Santiago** son versículos clave que te ayudarán a recordar los puntos importantes de los capítulos.

¿Estás lista para que comience la diversión? ¡Yo sí! Conforme vayas leyendo, por favor, recuerda que he escrito cada palabra teniéndote a ti en mi mente y mi corazón, y que cada página de este libro está cubierta de mis oraciones por *ti*. Te he tenido en mi corazón durante meses mientras me sentaba en mi oficina estudiando el asombroso libro de Santiago, pensando en ti, orando por ti y escribiéndote a ti.

También he intentado imaginarte en tu casa, dondequiera que esté, tanto si es un apartamento en la ciudad o una casa de campo. Y he intentado imaginarte en tu cuarto o tu espacio, y con tu familia. Cuando digo que te considero una amiga, aunque no nos hayamos conocido en persona, ¡lo digo de veras!

Así que... preparada... lista... ¡allá vamos!

En el grande e increíble amor de Jesús,
Tu amiga y hermana en Cristo,

Elizabeth George

1

Tiempos difíciles

SANTIAGO 1:1-12

1 Santiago, siervo de Dios y del Señor Jesucristo, a las doce
tribus que se hallan dispersas por el mundo: Saludos.
2 Hermanos míos, considérense muy dichosos cuando ten-
gan que enfrentarse con diversas pruebas,
3 pues ya saben que la prueba de su fe produce constancia.
4 Y la constancia debe llevar a feliz término la obra, para
que sean perfectos e íntegros, sin que les falte nada.
5 Si a alguno de ustedes le falta sabiduría, pídasela a Dios,
y él se la dará, pues Dios da a todos generosamente sin
menospreciar a nadie.
6 Pero que pida con fe, sin dudar, porque quien duda es
como las olas del mar, agitadas y llevadas de un lado a
otro por el viento.
7 Quien es así no piense que va a recibir cosa alguna del
Señor;
8 es indeciso e inconstante en todo lo que hace.

9 El hermano de condición humilde debe sentirse orgu-
lloso de su alta dignidad,
10 y el rico, de su humilde condición. El rico pasará como la
flor del campo.
11 El sol, cuando sale, seca la planta con su calor abrasador.
A esta se le cae la flor y pierde su belleza. Así se marchi-
tará también el rico en todas sus empresas.
12 Dichoso el que resiste la tentación porque, al salir apro-
bado, recibirá la corona de la vida que Dios ha prometido
a quienes lo aman.

¿Te gusta recibir una nota o una carta por correo postal? Es cierto que recibir un mensaje de texto y correos electrónicos es divertido, pero nada es más personal y emocionante que algo escrito a mano en un papel especial o una tarjeta en un sobre enviado para ti con amor a través del correo postal. ¡Vaya! Eso toma mucho tiempo, amor, dedicación y cariño... e incluso dinero. ¡Eso quiere decir que hay alguien que *realmente* te quiere y piensa mucho en ti!

Bueno, mi nueva amiga, el libro de Santiago en la Biblia en realidad era una carta. Fue escrita por Santiago para los creyentes judíos que estaban dispersos por muchos países. Estas personas necesitaban MUCHÍSIMOS ánimos porque estaban atravesando tiempos muy duros.

Antes de que empieces a leer la carta de Santiago, lee el versículo 1 y conoce al autor. ¿Cómo se describe Santiago, el autor del libro de Santiago, a sí mismo?

"Santiago, ________________ de ____________ y del ____________ ________________________".

Por cierto: Asegúrate de leer Marcos 6:3 en tu Biblia. Ahí descubrirás que Santiago (llamado también Jacobo) era medio hermano de Jesús. ¿Puedes imaginarte cómo fue crecer con un hermano mayor que era perfecto? ¿Que nunca pecó? ¿Que poseía toda la sabiduría de todos los tiempos?

Ahora que has conocido al autor del libro de Santiago, ¿qué de *tus* pruebas y dificultades? ¡Estoy segura de que tú también pasas por momentos difíciles! De hecho, las dificultades son ley de vida. Jesús nos dijo: "Aquí en el mundo tendrán muchas pruebas y tristezas" (Juan 16:33, NTV). ¿Alguna vez te has preguntado: "Qué se supone que tengo que hacer durante los tiempos difíciles? ¿Qué se supone que tengo que hacer con mis problemas?".

Bueno, te alegrará saber que Santiago tiene lecciones y grandes consejos para tratar con tus pruebas y dificultades. ¡Sigue leyendo!

Aprendiendo a contar

En la escuela aprendiste a sumar una columna de números, ¡esperando obtener la respuesta correcta, claro! Bueno, pues cuando leemos el versículo 2, Santiago nos dice: "Hermanos míos, considérense muy dichosos cuando tengan que enfrentarse con diversas pruebas". Cuando sumas todos tus sufrimientos, problemas y decepciones, ¿cuál dice Santiago que es la respuesta correcta en el versículo 2?

"considérense ________ ________________".

Lee el versículo 2 otra vez y piensa en la palabra "diversas", de la frase "diversas pruebas". ¡Nadie quiere enfrentar y lidiar ni siquiera con una sola prueba! Y aun así, Santiago habla de muchos tipos de pruebas. Puede que ya hayas experimentado diferentes tipos de pruebas, como...

una decisión difícil para hacer lo correcto

una tragedia en tu familia

una enfermedad o accidente grave

enfrentar cada día a una compañera insoportable en la escuela

lidiar con una asignatura difícil (como matemáticas o inglés)

¡Pues te voy a dar muy buenas noticias! Dios no te pide a ti ni a nadie de su pueblo que entiendan las pruebas, pero sí quiere que confiemos en Él y en su sabiduría y su plan para nosotras. Cuando haces esto (entregarle a Dios tus problemas), encontrarás gozo en Él, gozo en sus promesas, ¡y gozo en su perfecta voluntad para tu vida maravillosa, especial y única!

Cuenta tus bendiciones

Una de las razones por las que amo el libro de Santiago es porque tiene muchas listas que nos ayudan en nuestras pruebas y dificultades diarias. En Santiago 1:3-12 verás una lista de beneficios, bendiciones o lecciones que se producen al pasar por pruebas.

Bendición #1 (v. 3) . . . . Constancia

"...pues ya saben que la ________________ de ______
_______ produce ______________________________".

"Constancia" es una palabra que describe la fuerza que Dios desarrolla en ti cuando atraviesas momentos de dificultad. ¡Dios está ahí contigo para ayudarte! La constancia te da lo que necesitas para aguantar hasta que consigues superar tu problema y llegar al final.

¿Conoces el cuento de "La pequeña locomotora que sí pudo"? Probablemente recuerdas que la locomotora pasó un mal rato tirando del tren por las colinas empinadas, pero se mantuvo constante. Mientras avanzaba, repetía: "Creo que puedo, creo que puedo, yo puedo, yo puedo".

Amiga, Dios te da su poder y gracia para que puedas decir: "***Sé*** que puedo superar este problema", porque Él está desarrollando constancia en ti.

Bendición #2 (v. 4) . . . . . . Crecimiento espiritual

"Y la ______________________________ debe llevar a feliz ______________________ la obra, para que sean ________________________ e __________________, sin que les falte ____________".

Alguna vez alguien, quizá uno de tus padres o hermano o hermana, te ha dicho: "¿Cuándo vas a crecer?". O quizá bromearon diciéndote: "¡Crece ya de una vez!". Bien, Santiago nos dice que, cuando permitimos que la constancia trabaje en nosotras, crecemos espiritualmente. Cuando haces tus tareas una y otra vez, o cuando terminas tus deberes una y otra vez, o cuando practicas con un instrumento o un deporte una y otra vez, estás experimentando la bendición de ser

"perfectos e
íntegros,
sin que les falte nada".

Bendición #3 (v. 5) . . . . Sabiduría

"Si a alguno de ustedes le falta ____________________,
pídasela a ____________, y él se la dará, pues Dios da a
_________________-____ generosamente sin _________
_____________________________ a _____________".

Si eres como la mayoría de las personas, ¡necesitas sabiduría casi cada vez que das media vuelta! Cuando alguien dice o hace algo que te duele, necesitas sabiduría para saber qué hacer o qué decir; ¡o qué *no* hacer o decir! Cuando te invitan a ir a algún sitio o a hacer algo que tus padres no aprobarían, o cuando no estás muy segura de qué hacer, necesitas sabiduría para saber cómo responder. Necesitas sabiduría para muchas cosas, y siempre la necesitarás. Y no olvides que siempre puedes pedir ayuda a tus padres para saber qué hacer con tus problemas.

Dios sabe que necesitas ayuda, y Él disfruta al dártela. Como te dice el versículo 5, ¡lo único que tienes que hacer es

_____________________________!

Cuando pides, tu bendición será sabiduría que viene de Dios, la cual siempre es perfecta.

Antes de que avances a la Bendición #4, lee los siguientes versículos y márcalos cuando hayas terminado:

___ versículos 6-8, los cuales te dicen que **creas en Dios** y confíes en Él.

___ versículos 9-11, los cuales explican que todos los cristianos pueden **estar agradecidos** porque Dios les ama, sin importar si son pobres o ricos.

Bendición #4 (v. 12)

¡Vaya! Hemos empezado con la constancia... y estamos acabando con la constancia. Cuando te mantienes fuerte en medio de tus pruebas y tiempos difíciles, y no te rindes cuando eres tentada, ¿qué ocurre (v. 12)?

"_______________ el que _______________ la _______________________ porque, al salir _______________, _______________ la corona de la __________ que __________ ha _______________ a quienes lo _________".

Por cierto: Cuando Santiago dice que "recibirá la corona de la vida", está describiendo el cielo.

UNA MIRADA A TU CORAZÓN

Vuelve a echar un vistazo al consejo que te dio Santiago en los 12 versículos incluidos en esta lección sobre los momentos difíciles. Piensa en la grandiosa promesa en el versículo 12. ¿No es increíble darte cuenta de que, como hija de Dios, tienes una herencia abundante? Como hija de Dios, tú (¡sí, tú!) puedes esperar con ilusión estar con Jesús en el cielo, donde no habrá más...

momentos difíciles,

muerte,

tristeza,

llanto ni

dolor.

De hecho, Dios mismo estará allí contigo y será tu Dios. Y Dios secará cada lágrima de tus ojos. (Puedes leer más sobre esto en Apocalipsis 21:3-4 en tu Biblia).

No importa qué tiempos difíciles o tentaciones estés enfrentando, ¡eres especial y amada por Dios! Me gustan mucho estas palabras y me aferro a ellas durante los momentos difíciles:

"Lo que tienes en tu corazón...
le importa a Dios
y perdura por la eternidad".[1]

UNA REVISIÓN DE TU CORAZÓN

Lee el versículo 1 otra vez. ¿Te consideras una esclava de Cristo? (Rodea en un círculo una de las opciones).

Sí **No** **A veces**

Escribe una cosa que puedes hacer para ser más como Santiago cuando sirves a Dios, a Jesús y a los de tu casa.

Puedo ayudar... ______________________________

____

____

Escribe una frase o dos que describan cómo te comportas normalmente cuando pasas por pruebas: cuando alguien te trata mal y hiere tus sentimientos, cuando no consigues lo que quieres o cuando estás enferma.

____

____

____

____

____

¿Qué buen consejo aprendes en el versículo 5?

____

____

____

¿Qué verdad emocionante aprendes en el versículo 5 sobre la respuesta de Dios a tus oraciones?

____

____

____

Después de leer Santiago 1:1-12, ¿cómo pueden estos versículos ayudarte a vivir tu fe? O, dicho de otra manera, ¿cómo deberías comportarte cuando las cosas no van como tú quieres y eres tentada a comportarte de mala manera? Escríbelo aquí.

Necesito... ____________________________________

____

____

____

____

UNA ORACIÓN PARA HACER

Señor Jesús, ¡tú sabes que tengo problemas! Ayúdame a enfrentarlos y ser constante hasta superarlos. Quiero que mi amor por ti y por mi familia crezca. Enséñame a encontrar gozo al lidiar con mis problemas y mis malas actitudes. Cuando esté confusa y preocupada sobre qué hacer, por favor, recuérdame orar... ¡simplemente PEDIRTE sabiduría! ¡Te amo, Jesús! Amén.

SABIDURÍA DE SANTIAGO

"Considérense muy dichosos cuando tengan que enfrentarse con diversas pruebas".

Santiago 1:2

"Si a alguno de ustedes le falta sabiduría, pídasela a Dios".

Santiago 1:5

"Dichoso el que resiste la tentación".

Santiago 1:12

2

Confianza en Dios

SANTIAGO 1:13-27

13 Que nadie, al ser tentado, diga: «Es Dios quien me tienta».
Porque Dios no puede ser tentado por el mal, ni tampoco
tienta él a nadie.

14 Todo lo contrario, cada uno es tentado cuando sus pro-
pios malos deseos lo arrastran y seducen.

15 Luego, cuando el deseo ha concebido, engendra el pecado; y el
pecado, una vez que ha sido consumado, da a luz la muerte.

16 Mis queridos hermanos, no se engañen.

17 Toda buena dádiva y todo don perfecto descienden de lo
alto, donde está el Padre que creó las lumbreras celestes,
y que no cambia como los astros ni se mueve como las
sombras.

18 Por su propia voluntad nos hizo nacer mediante la pala-
bra de verdad, para que fuéramos como los primeros y
mejores frutos de su creación.

19 Mis queridos hermanos, tengan presente esto: Todos
deben estar listos para escuchar, y ser lentos para hablar
y para enojarse;

20 pues la ira humana no produce la vida justa que Dios
quiere.
21 Por esto, despójense de toda inmundicia y de la maldad
que tanto abunda, para que puedan recibir con humildad
la palabra sembrada en ustedes, la cual tiene poder para
salvarles la vida.
22 No se contenten solo con escuchar la palabra, pues así se
engañan ustedes mismos. Llévenla a la práctica.
23 El que escucha la palabra, pero no la pone en práctica es
como el que se mira el rostro en un espejo
24 y, después de mirarse, se va y se olvida en seguida de
cómo es.
25 Pero quien se fija atentamente en la ley perfecta que da
libertad, y persevera en ella, no olvidando lo que ha oído,
sino haciéndolo, recibirá bendición al practicarla.
26 Si alguien se cree religioso, pero no le pone freno a su
lengua, se engaña a sí mismo, y su religión no sirve para
nada.
27 La religión pura y sin mancha delante de Dios nuestro
Padre es esta: atender a los huérfanos y a las viudas en
sus aflicciones, y conservarse limpio de la corrupción del
mundo.

Millones y millones de personas alrededor del mundo saben acerca de Dios. Conocen muchos datos, verdades e historias sobre Él. Por ejemplo, Él creó el universo y todo lo que hay en él. Hizo muchísimos milagros. Nos dio los Diez Mandamientos. Se llama Dios Padre. Está en el cielo y gobierna sobre todo.

Sin embargo, conocer acerca de Dios y confiar en Dios son dos cosas completamente diferentes. Para aprender más de lo que significa confiar en Dios y vivir tu fe, echa un vistazo a estas verdades sobre Él que vienen directamente de la Biblia.

Dios es especial

Dios tiene su propia categoría especial. Aprendemos sobre Él en la Biblia, donde comparte verdades acerca de sí mismo. ¿Qué dos verdades aprendes de Él en Santiago 1, versículo 13?

"...Dios no puede ser ____________________ por _______ _________, ni tampoco __________________ él a nadie".

Estas dos verdades quieren decir que cuando seas tentada, no culpes a Dios. Si cedes a la tentación y eliges pecar y hacer lo que sabes que está mal, admítelo. No culpes a Dios. Como nos dice el versículo 13: "Que nadie, al ser tentado, diga: 'Es Dios quien me tienta'".

Mira las excusas enumeradas a continuación y marca las que hayas usado:

___ "Es culpa de la otra persona".
___ "No pude evitarlo".
___ "Todos lo hacen".
___ "Fue sin querer".
___ "Nadie es perfecto".
___ "No sabía que estaba mal".
___ "El diablo me hizo hacerlo".
___ "Me presionaron para hacerlo".[2]

¿Qué puedes hacer para dejar de culpar a otros y dejar de ceder a la tentación de hacer cosas que están mal? La respuesta: ¡Vuélvete a Dios ***antes*** de tomar una decisión equivocada o hacer algo equivocado! Después de todo, "Dios es nuestro refugio y nuestra fuerza; siempre está dispuesto a ayudar en tiempos de dificultad" (Salmos 46:1, NTV).

Dios te cuida. Él está "muy presente". Está contigo siempre: cada segundo y cada paso, día y noche. Su tarea es protegerte, darte fuerza, ayudarte y guiarte. Tu tarea es volverte a Él para buscar su ayuda (su protección, sabiduría y fuerza) cada vez que eres tentada. Definitivamente puedes confiar en Él: siempre.

La próxima vez que seas tentada, busca a Dios. Clama a Él inmediatamente, antes de hacer o decir cualquier otra cosa. Después pregúntale: "Dios, ¿qué es lo correcto?".

Aprendiendo más sobre Dios

Ya sabes por el versículo 13 que "...Dios no puede ser tentado por el mal, ni tampoco tienta él a nadie". Ahora los versículos 14-18 nos muestran cómo la tentación conduce al pecado. El versículo 14 nos dice:

"...cada uno es ____________________ cuando sus propios ______________ ______________ lo ____________________ y ____________________".

El versículo 15 nos dice:

"Luego, cuando el deseo ha ____________________, engendra el ______________; y el pecado, una vez que ha sido ______________________________, da a luz la __________________".

El versículo 16 nos da una orden. Escríbela aquí:

"...no se ____________________".

En estos versículos (14, 15 y 16), Santiago te está avisando a ti y a todos los creyentes de que no se dejen engañar. ¿Cómo son engañados los creyentes? Comienzan a pensar cosas que no son ciertas, como...

"Dios no es real".
"Dios no se preocupa por mí".
"Dios no puede ayudarme".

¡Pero Dios ***sí es*** real, y ***sí*** se preocupa por ti! De hecho, se preocupa por ti más que cualquier otra persona en el mundo. Te ama tanto que envió a su Hijo para morir en una cruz por tus pecados. Y no solo **quiere** ayudarte, también **puede** ayudarte... y lo hace.

Recuerda estas verdades. Guárdalas en tu corazón y úsalas cada día. Dios oye tus oraciones y tus gritos de auxilio (vuelve a leer Santiago 1:5)... y las responde. Lo primero que hay que hacer en cada situación es orar. No tienes que arrodillarte o postrarte. Y no tienes que hablar en voz alta. Solo habla con Dios en tu corazón. Simplemente puedes decirle: "¡Ayúdame, Señor!".

El versículo 17 nos enseña que Dios es la fuente de todo lo bueno. Cualquier cosa buena y perfecta viene de Él. Solo puede dar regalos buenos y perfectos, ¡porque Él es bueno y perfecto! ¿Cómo se describe a Dios en el versículo 17?

"Toda buena dádiva y todo don ________________ ______ descienden de lo ____________, donde está el ______________ que creó las lumbreras celestes, y que no ____________________ como los astros ni se mueve como las ____________________".

El versículo 18 se refiere a las personas a quienes Santiago escribía:

"Por su propia voluntad nos hizo ________________ mediante la palabra de ____________________, para que fuéramos como los primeros y mejores ________ __________ de su _______________________".

Las personas que leyeron la carta escrita a mano de Santiago eran el primer grupo de creyentes después de que Jesús murió, resucitó y ascendió al cielo. Santiago escribió que eran "...los primeros y mejores frutos de su creación". En otras palabras, eran los primeros hijos de la nueva familia de Dios.

¡Hay MUCHA información sobre Dios en el versículo 18! Al final del versículo 18, la Nueva Traducción Viviente dice que "...nosotros llegamos a ser su valiosa posesión". ¡Vaya! ¡Eso sí que es especial!

Algunos consejos impresionantes

¡Prepárate para una información muy práctica y fácil de entender que necesitas todos los días! Lee el versículo 19 y apunta tres maneras increíbles para no meterte en problemas, tomar las decisiones correctas y vivir como una hija de Dios.

"Todos deben estar listos para ____________________, y ser lentos para ____________________________ y para ____________________________".

Un antiguo maestro llamado Zeno lo dijo de esta manera:

"Tenemos dos orejas pero solo una boca,
para escuchar más y hablar menos".

Según el versículo 20, ¿por qué tenemos que controlar la ira?

"pues la _________ humana no produce la ___________ justa que Dios ____________________".

Aquí tienes un ejercicio para ti. Mañana, haz una lista de las veces que haya ira...

en tu corazón,
en tu actitud,
en la manera en que tratas a alguien,
en tus palabras,
en tus acciones o
en una verdadera y gran pataleta o una rabieta.

Ahora que conoces la verdad del versículo 20 (que tu ira no produce el buen comportamiento que Dios quiere), ¿cuáles son algunas de las cosas que puedes hacer la próxima vez que seas tentada a ceder a la ira? ¿Quizá contar hasta diez? ¿Qué más? Escríbelas aquí:

____

____

____

____

Deshazte de lo malo

¿Alguna vez tu padre o tu madre te han pedido que vacíes tu armario y que saques todas las cosas viejas y que no usas? Bien, pues eso es exactamente lo que Dios, tu Padre celestial, te está pidiendo que hagas en el versículo 21. Él quiere que...

"Por esto, despójense de toda ________________ __________ y de la ______________ que tanto abunda".

Por cierto: "Abunda" significa "existir en cantidad".

Una vez que te hayas deshecho de todo lo viejo y descuidado en tu vida, ¿qué deberías poner en su lugar? El versículo 21 dice:

"...para que puedan recibir con humildad la ______ __________ sembrada en ________________, la cual tiene poder para ____________________ la __________".

Lee el versículo 22 y escribe los deberes que Dios tiene para ti: lo que sí tienes que hacer y lo que no tienes que hacer.

"No se ______________________________ solo con ______________________________ la palabra, pues así se ______________________________ ustedes mismos. ______________ ______________ a la ______________________________".

Santiago te da una imagen estupenda de aquellos que no hacen lo que dice la Palabra de Dios. ¿Cuál es la imagen en los versículos 23 y 24? "El que escucha la palabra, pero no la pone en práctica es como el que...

"...se mira el ____________________ en un ____________ ____________ y, después de mirarse, se ____________ y se ____________________ en seguida de cómo ________".

¿Qué dice el final del versículo 25 que le ocurre a alguien que hace lo que dice la Palabra de Dios?

"...recibirá ______________________________ al __________ ______________________________".

Asegúrate de leer los versículos 26 y 27 y márcalos aquí cuando hayas terminado__________. Son un buen recordatorio de...

> controlar tu lengua,
> estar atenta a aquellos que necesitan ayuda, y
> mantenerte limpia del mundo.

UNA MIRADA A TU CORAZÓN

En esta lección hemos visto muchas verdades e instrucciones acerca de confiar en Dios. A medida que sigas conociendo mejor a Dios, y a medida que tu fe siga creciendo en Él, aprenderás cada vez más acerca de lo que Dios quiere para ti.

Estoy orando por ti y por tu corazón. Quiero que te enamores de Dios y de su Palabra. Que Él sea tu primer pensamiento cuando te despiertes. Si tu mamá te despierta, dile: "Sí, mamá, ya me levanto", y después deja que tu siguiente pensamiento sea una oración sincera a Dios. Expresa tu amor hacia Él. Entrégale tu día. Pídele que te ayude a vivir para Él, a vivir tu fe. Llena tu mente y tu corazón de pensamientos de su Palabra. Alábalo por quien Él es y dale gracias por lo que ha hecho. Y no olvides incluir las grandes verdades que has aprendido sobre Él en este primer capítulo de Santiago:

— Dios está disponible para ayudarte en tus momentos difíciles.

— Dios es tu refugio y fortaleza, una ayuda muy presente en medio de los problemas.

— Dios escucha las oraciones de tu corazón... y las responde.

— Dios te ayudará a que le sigas con todo tu corazón y a hacer todo lo que dice su Palabra.

— Dios te ayudará a limpiar tu corazón y deshacerte de todo lo desagradable y malo, y creará en ti un corazón puro. (Lee el Salmo 51:10 en tu Biblia).

Seguro que a estas alturas ya sabes que puedes confiar en Dios porque Él puede, y hará, todo esto por ti, ¡y mucho más!

UNA REVISIÓN DE TU CORAZÓN

¿Qué buen consejo has aprendido en el versículo 19?

Escribe al menos una manera en que puedes...

— controlar tu lengua (v. 26),

— estar atenta a aquellos que necesitan ayuda (v. 27) y

— mantenerte limpia del mundo, sin hacer lo que está mal (v. 27).

UNA ORACIÓN PARA HACER

Padre, sé que paso demasiado tiempo preocupándome por si luzco bien. Ayúdame a verme como tú me ves: hermosa por dentro y por fuera. ¡Me has hecho una jovencita conforme a tu corazón! A medida que tu amor rebosa en mí, ayúdame a compartir ese amor con otros controlando mi lengua y cambiando mi comportamiento. Quiero honrarte y vivir mi fe obedeciendo tus indicaciones. Quiero que mi corazón sea como el tuyo, y quiero hacer lo que dice tu Palabra. ¡Te amo, Dios! Amén.

SABIDURÍA DE SANTIAGO

"Ustedes deben ser rápidos para escuchar,
lentos para hablar y lentos para enojarse".
Santiago 1:19 (NTV)

"No solo escuchen la palabra de Dios;
tienen que ponerla en práctica".
Santiago 1:22 (NTV)

3

Jugar a "favoritos"

SANTIAGO 2:1-13

1 Hermanos míos, la fe que tienen en nuestro glorioso
Señor Jesucristo no debe dar lugar a favoritismos.

2 Supongamos que en el lugar donde se reúnen entra un
hombre con anillo de oro y ropa elegante, y entra tam-
bién un pobre desharrapado.

3 Si atienden bien al que lleva ropa elegante y le dicen:
«Siéntese usted aquí, en este lugar cómodo», pero al
pobre le dicen: «Quédate ahí de pie» o «Siéntate en el
suelo, a mis pies»,

4 ¿acaso no hacen discriminación entre ustedes, juzgando
con malas intenciones?

5 Escuchen, mis queridos hermanos: ¿No ha escogido Dios
a los que son pobres según el mundo para que sean ricos
en la fe y hereden el reino que prometió a quienes lo
aman?

6 ¡Pero ustedes han menospreciado al pobre! ¿No son los
ricos quienes los explotan a ustedes y los arrastran ante
los tribunales?

7 ¿No son ellos los que blasfeman el buen nombre de aquel
a quien ustedes pertenecen?
8 Hacen muy bien si de veras cumplen la ley suprema de la
Escritura: «Ama a tu prójimo como a ti mismo»;
9 pero, si muestran algún favoritismo, pecan y son culpa-
bles, pues la misma ley los acusa de ser transgresores.
10 Porque el que cumple con toda la ley, pero falla en un solo
punto ya es culpable de haberla quebrantado toda.
11 Pues el que dijo: «No cometas adulterio», también dijo:
«No mates». Si no cometes adulterio, pero matas, ya has
violado la ley.
12 Hablen y pórtense como quienes han de ser juzgados por
la ley que nos da libertad,
13 porque habrá un juicio sin compasión para el que actúe
sin compasión. ¡La compasión triunfa en el juicio!

Probablemente ya sabes lo que es el favoritismo por tus experiencias en la escuela, en tu barrio, e incluso quizá en tu familia. ¡Es fácil ver cuando alguien es el ojito derecho del profe! O cuando alguien es tratado con un gran respeto o muy poco respeto. Un autor al que le gusta escribir libros sobre liderazgo escribió: "Jugar a favoritos es uno de los problemas más dañinos en cualquier grupo de personas".[3]

Evidentemente, este problema ha existido desde hace mucho tiempo, porque la siguiente gran lección que Santiago tiene para nosotras es sobre mostrar favoritismo o parcialidad.

Aceptar a los demás

No hay ninguna duda de que jugar a favoritos causa muchísimos problemas, sentimientos heridos y amistades rotas. No es de extrañar que Santiago nos diga con valentía en Santiago 2, versículo 1: "Hermanos míos, la fe que tienen en nuestro glorioso Señor Jesucristo no debe dar lugar a favoritismos". Parece que Santiago está diciendo: "¡No muestren parcialidad! ¡No jueguen a tener favoritos!". En un lenguaje fácil de entender, nos está diciendo: "¡No lo hagan!".

Estamos rodeadas de todo tipo de discriminación o favoritismo basado en...

> dinero o posesiones,
>
> raza o prácticas religiosas,
>
> personalidad o inteligencia,
>
> casa o barrio,
>
> reputación familiar, o
>
> aspecto externo.

En el capítulo anterior leíste que los cristianos deben ocuparse de los huérfanos y las viudas (Santiago 1:27). Cuando Santiago escribía, estos dos grupos de personas eran ignorados a menudo y no recibían ningún tipo de ayuda. En lugar de ayudar a todo el que lo necesitara, la gente enfocaba su atención, tiempo y ayuda únicamente hacia aquellos que eran ricos, de buen parecer, populares o poderosos.

En esta lección, Santiago habla de la parcialidad y el favoritismo en la iglesia al contar una historia sobre dos hombres.

En el versículo 2, ¿cómo se describe al primer hombre?

"...un hombre con ______________ de ________ y ropa ____________________...".

¿Cómo se describe al segundo hombre en el versículo 2?

"...un pobre ______________________________".

En el versículo 3, ¿qué le decía la gente al hombre que vestía con ropas costosas?

"________________________ usted aquí, en este ______________ ________________".

En el versículo 3, ¿qué le decía la gente al hombre pobre?

"'____________________ ahí de ____________' o '____________________ en el ______________, a mis __________'".

En el versículo 4, Santiago termina su historia diciendo a las personas que tratan bien al hombre rico, pero menosprecian al hombre pobre:

"¿acaso no hacen discriminación entre __________ _____ _____, ________________________ con ______________ intenciones?".

Por cierto: La palabra "discriminación" significa que las personas escogieron honrar y respetar a una persona (el hombre rico) pero no a la otra (el hombre pobre).

Patas arriba

Es increíble ver cómo Dios toma nuestras maneras normales de pensar y actuar, ¡y les da la vuelta! Por ejemplo, la mayoría de las personas quieren ser mejores que los demás. Quieren tener todo lo mejor: mejor ropa, calificaciones, popularidad, ¡y más! Es normal.

No obstante, en la Biblia, Dios nos muestra que es al revés. En otras palabras, no nos convertimos en mejores personas al pisar a otros en la carrera por llegar hasta arriba. ¡Ah, no! La manera de ir hacia arriba a los ojos de Dios es ir hacia abajo. Para Dios, lo que cuenta es nuestra humildad.

Ahora echa un vistazo a algunas otras verdades que están patas arriba según avanzas en Santiago 2. En el versículo 5, Santiago dice: "¿No ha escogido Dios a los que son pobres según el mundo...

"...para que sean ________________ en la ________ y hereden el ________________ que prometió a quienes ________ ______________?".

Sin embargo, las personas que estaban leyendo la carta de Santiago no se habían dado cuenta de esta maravillosa verdad. En cambio, Santiago dice en el versículo 6:

"¡Pero ustedes han ______________________________

________ al _______________!".

A continuación, Santiago comparte una lista de malas acciones que la gente rica practicaba. Hace una serie de preguntas que condenan a aquellos que maltrataban a los pobres. En los versículos 6 y 7, Santiago pregunta:

"¿No son los _______________ quienes los explotan a ustedes y los ___________________________ ante los tribunales? ¿No son ellos los que _________________ el buen _________________ de aquel a quien ustedes _____________________________?".

Por cierto: La palabra "explotar" significa abusar de alguien, y "blasfemar" significa insultar a alguien.

La ley suprema

A continuación, Santiago menciona "la ley suprema de la Escritura". Cuando no estés segura de qué es lo bueno y qué es lo malo, esta ley te guiará. Escribe lo que dice Santiago sobre "la ley suprema" en el versículo 8:

"Hacen muy _________ si de veras _______________ la _________ ____________________ de la Escritura: 'Ama a tu ____________________ como a ti mismo'".

Después, Santiago dice en el versículo 9:

"...pero, si muestran algún ______________________
________, ______________ y son ______________,
pues la misma ____________ los acusa de ser transgresores".

En los versículos 10-13, Santiago concluye explicando a los lectores que el pecado es pecado: si quebrantamos una de las leyes de Dios, somos tan culpables como si las quebrantamos todas. Santiago termina su mensaje sobre la parcialidad y el favoritismo con una verdad que nunca deberíamos olvidar. Completa el versículo 13, el cual contiene la conclusión y la última declaración de Santiago.

"porque habrá un juicio sin ______________________
para el que ______________ sin ______________.
¡La compasión ______________ en el ____________!".

Amiga, lo más importante que debemos recordar sobre el pecado y el juicio, la compasión y la ley suprema del amor, es esto: Dios quiere que muestres compasión; que seas compasiva. Quiere que seas como Él, porque "...el Señor tu Dios es un Dios compasivo" (eso es lo que dice la Biblia en Deuteronomio 4:31).

Tus actos de compasión y de bondad son la prueba de que sigues a Cristo. Como hija de Dios y creyente en Cristo, has experimentado la compasión de Dios; por lo tanto, puedes y deberías ser compasiva hacia otros.

La próxima vez que juzgues a otra persona o hables mal

de ella o la desprecies porque es diferente, recuerda estas verdades sobre el favoritismo.

¿Por qué está mal mostrar favoritismo?

— Es lo opuesto a lo que Jesús nos dijo que hiciéramos.

— Es el resultado de pensamientos malos.

— Insulta a las personas, creadas a imagen de Dios.

— Proviene de motivos egoístas.

— Va en contra de la definición de "amor" que encontramos en la Biblia.

— Muestra una falta de compasión hacia quienes son menos afortunados.

— Es pecado.[4]

UNA MIRADA A TU CORAZÓN

Me encanta esta confesión verídica escrita por una adolescente que echó una mirada a su corazón y aprendió a aceptar a otros y no jugar a favoritos o mostrar parcialidad. Al leerlo, pregúntate: "¿Estoy siendo una juez injusta?".

Jueces injustos

El año pasado llegó un joven nuevo a nuestra escuela, y tenía un poco de sobrepeso. Nadie le dio la oportunidad de mostrar qué tipo de persona era; en lugar de eso, todos le juzgaron por su peso. Por desgracia, yo también lo hice. Más adelante, durante ese año, muchos de nosotros tuvimos la oportunidad de conocerlo mejor, ¡y resultó ser un joven genial! Me sentí tan culpable por el modo en que había actuado, que deseé no haberlo juzgado por su aspecto físico.

Estoy segura de que todos hemos tratado a alguien injustamente alguna vez. Y la mayoría de nosotros podemos ser superficiales y, a veces, juzgar a las personas por su aspecto. Pero Dios nunca es superficial. Él se interesa por todos nosotros, no por nuestra apariencia, sino por quiénes somos...

Puedes agradecer a Dios la manera tan única en la que te ha hecho y por cómo ha hecho a los demás también.

—Spencer[5]

UNA REVISIÓN DE TU CORAZÓN

Eres una chica, así que probablemente te miras en el espejo antes de salir de casa para ir a la escuela, a la iglesia o a cualquier otra actividad, ¿verdad? Bien, pues en Colosenses 3:12, Dios nos dice exactamente lo que deberíamos llevar puesto, lo que es hermoso ante sus ojos:

> "Por lo tanto, como escogidos de Dios, santos y amados, revístanse
>
> de afecto entrañable
>
> y de bondad,
>
> humildad,
>
> amabilidad y
>
> paciencia".

Haz que orar y ponerte las prendas que Colosenses menciona sea un hábito. ¿Cuál de estas bellas prendas quieres probarte primero? En otras palabras, ¿de qué cualidad de carácter cristiano puedes empezar a revestirte ahora mismo? Escríbela aquí:

____

____

¿Qué cosa harás para poner en acción esta cualidad de carácter cristiano en tu vida, a medida que vives tu fe?

____

____

UNA ORACIÓN PARA HACER

Jesús, tú eres nuestro "glorioso Señor Jesucristo" (Santiago 2:1), y te doy gracias porque me amas (¡sí, a mí!) tal como soy. Gracias por ayudarme a amar a todas las personas por igual, a mostrar respeto a aquellos que tienen menos que otros, y a ser compasiva con los que necesitan ayuda. Quiero vivir tu ley suprema del amor y amar a otros como me amo a mí misma. ¡Para eso sí que necesito tu amor y tu ayuda! ¡Te amo, Jesús! Amén.

SABIDURÍA DE SANTIAGO

"Hermanos míos, la fe que tienen en nuestro glorioso Señor Jesucristo no debe dar lugar a favoritismos".

Santiago 2:1

"Hacen muy bien si de veras cumplen la ley suprema de la Escritura: 'Ama a tu prójimo como a ti mismo'".

Santiago 2:8

"pero, si muestran algún favoritismo, pecan y son culpables".

Santiago 2:9

4

Sé auténtica

SANTIAGO 2:14-26

14 Hermanos míos, ¿de qué le sirve a uno alegar que tiene
fe, si no tiene obras? ¿Acaso podrá salvarlo esa fe?
15 Supongamos que un hermano o una hermana no tiene
con qué vestirse y carece del alimento diario,
16 y uno de ustedes le dice: «Que le vaya bien; abríguese y
coma hasta saciarse», pero no le da lo necesario para el
cuerpo. ¿De qué servirá eso?
17 Así también la fe por sí sola, si no tiene obras, está muerta.
18 Sin embargo, alguien dirá: «Tú tienes fe, y yo tengo
obras».

Pues bien, muéstrame tu fe sin las obras, y yo te mostraré la fe por mis obras.

19 ¿Tú crees que hay un solo Dios? ¡Magnífico! También los
demonios lo creen, y tiemblan.
20 ¡Qué tonto eres! ¿Quieres convencerte de que la fe sin
obras es estéril?

21 ¿No fue declarado justo nuestro padre Abraham por lo
que hizo cuando ofreció sobre el altar a su hijo Isaac?
22 Ya lo ves: Su fe y sus obras actuaban conjuntamente, y su
fe llegó a la perfección por las obras que hizo.
23 Así se cumplió la Escritura que dice: «Le creyó Abraham
a Dios, y esto se le tomó en cuenta como justicia», y fue
llamado amigo de Dios.
24 Como pueden ver, a una persona se la declara justa por
las obras, y no solo por la fe.
25 De igual manera, ¿no fue declarada justa por las obras
aun la prostituta Rajab, cuando hospedó a los espías y les
ayudó a huir por otro camino?
26 Pues, como el cuerpo sin el espíritu está muerto, así tam-
bién la fe sin obras está muerta.

El dicho "el árbol se conoce por su fruto" sin duda es verdad, ¡y muy útil!

Es asombroso que existan tantos tipos de árboles diferentes. Muchas veces no sabemos muy bien qué tipo de árbol es el que tenemos delante. Pero cuando el árbol produce fruto y podemos *ver* el fruto, entonces podemos *saber* exactamente qué tipo de árbol es. Un manzano produce manzanas. Un nogal produce nueces. ¡Es así de fácil!

En el libro de Santiago descubrirás que lo mismo ocurre con la fe de una persona, y eso incluye tu fe. Es muy fácil para cualquiera ir por ahí diciendo: "Ah, sí. Claro. Yo creo. Tengo fe. Soy cristiano". Pero solamente *decir* que tienes fe no significa nada. La fe genuina, la fe que es real, siempre da como resultado fruto: fruto espiritual. Cuando tu fe es real y estás viviendo tu fe, no puedes evitar hacer lo que Dios dice.

Buscando lo auténtico

Santiago, el autor de esta carta de la Biblia, tiene un tema muy serio para compartir con sus lectores, ¡incluyéndonos a nosotras! Ese tema es ser auténtico: un verdadero creyente en Cristo. El capítulo 2 de Santiago presenta este importante tema haciendo algunas preguntas que nos llaman la atención. Según las vayas leyendo, verás que te dan varias cosas importantes sobre las que pensar y hacer algo al respecto. Completa Santiago 2:14 aquí:

Pregunta 1: "¿de qué le sirve a uno...

____________________ que tiene __________, si no tiene

________________?".

Pregunta 2: "¿Acaso...

podrá __________________________ esa ______?".

Tenemos mucho que pensar sobre esto, ¿verdad? De hecho, se han escrito libros enteros para responder a estas dos preguntas sobre la fe y el fruto que produce. Bien, pues Santiago viene a rescatarnos. Nos ayuda a entenderlo contándonos una historia. En esta historia, una persona dice que tiene fe pero sus acciones no respaldan sus palabras. Sus acciones y hechos no dan ninguna evidencia de que su fe es real.

Ahora lee los versículos 15 y 16. En estos versículos, Santiago nos enseña dos tipos de respuestas a las personas que tienen necesidad, personas que necesitan ayuda. Y Santiago termina estos ejemplos con una pregunta que nos hace pensar.

Según lees, ten en mente que el "hermano" o "hermana" en estos versículos no es un hermano de sangre, sino un hermano o hermana en Cristo. Son nuestros compañeros creyentes en Cristo.

Santiago comienza esta historia en los versículos 15-16: "Supongamos que un hermano o una hermana no tiene con qué vestirse y carece del alimento diario, y uno de ustedes le dice:

'Que le vaya ____________; ____________________
y ____________ hasta saciarse', pero no le da lo ______
____________________ para el ________________.
¿De qué ____________________ ________?".

Para asegurarte de que entiendes el mensaje de Santiago, responde a estas preguntas:

En el versículo 15, ¿quién tenía necesidad?

____

____

También en el versículo 15, ¿qué necesitaba?

____

____

En el versículo 16, ¿qué le *dijo* la persona al que tenía necesidad?

____

____

También en el versículo 16, ¿qué *hizo* la persona por quien estaba en necesidad?

____

____

Santiago nos revela el significado de esta historia en el versículo 17:

"Así también la fe por sí ______________, si no tiene ________________, está __________________".

Está claro que nuestra fe no es probada por lo que decimos, ¡sino por lo que hacemos! La fe verdadera rebosa de buenas acciones y fruto espiritual, como ayudar a otro creyente en necesidad.

Al igual que Santiago, el apóstol Pablo nos dice cómo debemos tratar a nuestros hermanos y hermanas en Cristo: "Por lo tanto, siempre que tengamos la oportunidad, hagamos bien a todos, y en especial a los de la familia de la fe" (Gálatas 6:10). Observemos unas cuantas cosas a las que el apóstol Pablo quiere que prestemos atención:

"Hagamos bien a ______________, y en ____________ ______________ a los de la ____________________ de la _______".

¿Qué tipo de buenas acciones pueden rebosar de **tu** fe genuina, de **tu** amor por Jesús? Prueba esto: haz una lista de las personas en tu propia familia, y después anota varias cosas buenas, o buenas acciones que puedes hacer por ellas, que les ayudarían y que podrían mejorar su día.

Nombre de la persona (Ejemplo: Mamá)	**Mi buena acción** (Ejemplo: Ayudarle a la hora de comer)

John Wesley, un antiguo y famoso predicador de tiempos pasados, entendió el principio de hacer el bien. De hecho, lo hizo una norma en su vida y lo expresó con estas palabras:

> "Haz todo el bien que puedas,
> por todos los medios que puedas,
> de todas las maneras que puedas,
> en todos los lugares que puedas,
> todas las veces que puedas,
> a todas las personas que puedas,
> durante todo el tiempo que puedas".

Yo ya casi he memorizado este dicho, y tú también puedes hacerlo. ¡Pero lo más importante es hacerlo y vivirlo!

Es bueno ayudar o hacer una buena obra. Pero piensa en esto. En Mateo 5:41, Jesús dijo: "Si alguien te obliga a llevarle la carga un kilómetro, llévasela dos". Esto se suele llamar "ir la milla extra". La próxima vez que tus padres te pidan que les ayudes o que hagas tus tareas, haz lo que te piden. Después, cuando hayas terminado de hacer lo que te han pedido (esa es la "primera milla"), pregúntales: "¿Hay algo más que pueda hacer?" (Y esa es la segunda milla, ¡"la milla extra"!).

¡Aviso! Prepárate para ver unas reacciones muy sorprendentes... ¡y esperemos que tu mamá no se desmaye!

Ejemplos de fe verdadera

Ahora lee Santiago 2, versículos 18-19. Aquí conocemos a una persona que argumenta: "Tú tienes fe, y yo tengo obras". Esta persona parece pensar que la fe no tiene nada que ver con las buenas obras, pero Santiago responde que la fe y las buenas obras no se pueden separar. Nuestras buenas obras demuestran que tenemos fe. La verdadera fe y las buenas obras van juntas.

A esas personas que creen que su fe es más importante que sus buenas acciones, Santiago les dice: "También los demonios lo creen" (que hay un solo Dios). Incluso los demonios tienen fe, pero su fe no les sirve de nada.

En los versículos 20-25, Santiago da dos ejemplos de personas en la Biblia que demostraron que su fe era verdadera por lo que hicieron. La primera persona es Abraham. En el versículo 21, ¿qué hizo Abraham que demostró que tenía fe en Dios y que confiaba en Él?

"...ofreció sobre el ______________________ a __________

_________________ ____________________...".

¿Qué dice Santiago en el versículo 24 después de señalar la fe y las obras de Abraham? "Como pueden ver, a una persona se la declara...

justa por __________ ________________, y no solo por

_______ ______".

En el versículo 25, Santiago da otro ejemplo. Esta vez presenta a una mujer llamada Rajab, que con sus acciones demostró que su fe era auténtica. ¿Qué hizo Rajab que demostró que tenía fe en Dios y que confiaba en Él?

"...hospedó a los _______________________ y les ayudó a

_______________ por otro ____________________...".

Santiago dice en el versículo 25 que, al igual que Abraham, Rajab "fue declarada...

justa por las ________________".

Santiago resume su enseñanza con una ilustración en el versículo 26:

"Pues, como el ________________________________ sin el

_______________________________ está muerto, así también la ________ sin __________________ está muerta".

UNA MIRADA A TU CORAZÓN

Comenzamos este capítulo con el ejemplo de un árbol frutal. Admitimos que hasta que vemos cuál es el fruto del árbol, no podemos saber realmente qué tipo de árbol es. Bien, pues en la Biblia Dios nos da una lista de fruto ***espiritual*** que le muestra al mundo que somos genuinas: auténticas seguidoras de Jesús. El fruto del Espíritu demuestra que somos cristianas verdaderas, que le pertenecemos a Dios y que nuestra fe es real:

> "En cambio, el fruto del Espíritu es amor, alegría, paz, paciencia, amabilidad, bondad, fidelidad, humildad y dominio propio..." (Gálatas 5:22-23).

UNA REVISIÓN DE TU CORAZÓN

Crea una lista de "buenas obras" que puedes hacer (o hayas hecho) que muestren el fruto espiritual de tu fe genuina y verdadera. Mientras haces la lista, recuerda que siempre es bueno empezar en casa, con tu familia. ¿Eres paciente con tus hermanos y hermanas? ¿Expresas tu amor por tu familia con abrazos, ayuda, notitas y amor? ¿Eres cariñosa y delicada con otros?

"Vivan por el Espíritu" (Gálatas 5:16). Cuando hagas esto como Dios nos enseña en la Biblia, mostrarás el fruto del Espíritu. Revisa tu corazón para ver qué tipo de fruto estás produciendo. Cuando leas la lista del fruto del Espíritu, anota algo que puedas hacer para expresar cada uno en tu vida.

Fruto del Espíritu	Cómo mostrarlo en mi vida
Amor:	______________________
Alegría:	______________________
Paz:	______________________
Paciencia:	______________________
Amabilidad:	______________________
Bondad:	______________________
Fidelidad:	______________________
Humildad:	______________________
Dominio propio:	______________________

Al mirar tu lista, si hay algunos puntos en los que has tenido problemas para encontrar ejemplos o ideas, ¡que no cunda el pánico! Dios te ama, quiere trabajar en tu vida y ayudarte a crecer en esas áreas. Escríbele una nota a continuación, pidiéndole que te ayude en las áreas que más trabajo te cuestan.

____

____

____

____

____

UNA ORACIÓN PARA HACER

Querido Padre, ¡quiero ser auténtica con todo mi corazón! Al leer tu Palabra y ver la importancia de mi fe y de mis acciones, te pido que me ayudes. Abre mis ojos para ver a las personas que están en necesidad. Abre mis manos para hacer lo que pueda. Abre mi boca para decir palabras que sean amables y que ayuden. Abre mi corazón para interesarme por otros de la manera en la que tú cuidas y te interesas por otros... ¡y por mí! ¡Te amo, querido Padre celestial! Amén.

SABIDURÍA DE SANTIAGO

"Así también la fe por sí sola, si no
tiene obras, está muerta".
Santiago 2:17

"...a una persona se la declara justa por
las obras, y no solo por la fe".
Santiago 2:24

"Pues, como el cuerpo sin el espíritu está muerto,
así también la fe sin obras está muerta".
Santiago 2:26

5

Doma tu lengua

SANTIAGO 3:1-12

1 Hermanos míos, no pretendan muchos de ustedes ser maestros, pues, como saben, seremos juzgados con más severidad.

2 Todos fallamos mucho. Si alguien nunca falla en lo que dice, es una persona perfecta, capaz también de controlar todo su cuerpo.

3 Cuando ponemos freno en la boca de los caballos para que nos obedezcan, podemos controlar todo el animal.

4 Fíjense también en los barcos. A pesar de ser tan grandes y de ser impulsados por fuertes vientos, se gobiernan por un pequeño timón a voluntad del piloto.

5 Así también la lengua es un miembro muy pequeño del cuerpo, pero hace alarde de grandes hazañas. ¡Imagínense qué gran bosque se incendia con tan pequeña chispa!

6 También la lengua es un fuego, un mundo de maldad. Siendo uno de nuestros órganos, contamina todo el cuerpo y, encendida por el infierno, prende a su vez fuego a todo el curso de la vida.

7 El ser humano sabe domar y, en efecto, ha domado toda
clase de fieras, de aves, de reptiles y de bestias marinas;
8 pero nadie puede domar la lengua. Es un mal irrefrena-
ble, lleno de veneno mortal.
9 Con la lengua bendecimos a nuestro Señor y Padre, y con
ella maldecimos a las personas, creadas a imagen de Dios.
10 De una misma boca salen bendición y maldición. Her-
manos míos, esto no debe ser así.
11 ¿Puede acaso brotar de una misma fuente agua dulce y
agua salada?
12 Hermanos míos, ¿acaso puede dar aceitunas una higuera
o higos una vid? Pues tampoco una fuente de agua salada
puede dar agua dulce.

Estoy segura de que tus padres están muy emocionados de ver cómo aprendes a hacer más y más cosas. Probablemente te animan a ser mejor y a hacer mejor las cosas. Intentan enseñarte a tener buenos modales, a comer correctamente, a conocer gente nueva y hacer amistades, y a saber cómo comportarte cuando estás con adultos y tener una conversación con ellos.

El esfuerzo de tus padres está ahí constantemente. ¡Eso es algo bueno! Significa que te aman y que quieren que te sientas cómoda con tus modales y puedas hablar con personas sin sentirte incómoda.

No obstante, la verdad es que tú y yo nunca seremos perfectas. Jesús es la única persona perfecta que haya vivido jamás. Él era perfecto, lo que hizo posible que pagara por nuestros pecados.

Volvamos ahora al capítulo 3 de Santiago. ¿Qué te dice el versículo 2?

"Todos ________________________ _______________".

¿Estás lista para divertirte? Nunca consigo leer o pensar en el capítulo 3 de Santiago y sus numerosas lecciones prácticas sin reírme a carcajadas. Esto me ocurre por una lección superloca que mis dos hijas experimentaron en su clase en la iglesia. El pastor Eric estaba enseñando a los niños de la clase sobre Santiago, capítulo 3, y quería que aprendiesen especialmente cuán horribles pueden ser las palabras que dicen.

Así que el pastor Eric se acercó al supermercado y compró algo curioso en la carnicería: ¡compró, de vaca roja, una enorme y viscosa lengua de cinco kilos!

Y, por supuesto, el domingo en la iglesia, el pastor Eric desenvolvió la lengua de vaca y la pasó entre todos los alumnos de la clase. Les dijo a los niños que la miraran; que la olieran. ¡Que la tocaran!

Estoy segura de que te puedes imaginar sus reacciones: "¡Aj!"; "¡Qué asco!"; "¡Repugnante!". Algunos niños incluso dijeron: "¡Voy a vomitar!".

Imagino que el pastor Eric estaba sonriendo y celebrando por dentro, pensando: "¡Sí! ¡Justo lo que quería!". Entonces les hizo abrir sus Biblias, y todos leyeron y debatieron sobre cuán terrible es la lengua y el daño que las palabras pueden hacer a otros. Sé que mis dos hijas captaron el mensaje, porque les escuché decir: "¡Aj!" y "¡Qué asco!", ¡y hacer comentarios muy desagradables!

Ahora mira por ti misma lo que Santiago tiene que decir sobre la lengua (tu lengua y la mía), ¡y cómo podemos domarla!

Descripciones gráficas

Santiago es un maestro en usar descripciones gráficas para enseñar las verdades de Dios. Escribe la primera descripción gráfica que él usa en el versículo 3:

"Cuando ponemos freno en la ______________ de los ______________...".

¿Y para qué hacemos esto?

"...para que ________ ______________________",

¿Cuál es el resultado?

"podemos ______________________ todo el ______________".

¿Sabías que un caballo adulto sano pesa entre 400 a 600 kilos (850 y 1.200 libras)? ¡Eso es aproximadamente media tonelada! Y sin embargo, poniendo tan solo un freno en su boca, como dice Santiago, podemos "controlar todo el animal".

En el versículo 4, Santiago nos presenta dos descripciones gráficas más. La primera es sobre barcos. ¿Qué dice Santiago que puede pilotar y conducir un gran barco que es llevado por el viento?

"...se gobiernan por un ______________________ ______________ a ______________________ del ______________".

Santiago aplica estas descripciones gráficas a nosotros en el versículo 5: "Así también la lengua...

es un ______________________ muy pequeño del cuerpo, pero hace ______________________ de grandes ______________________".

¿Cuál es la siguiente descripción gráfica en el versículo 5?

"¡Imagínense qué ______________ bosque se incendia con tan ______________________ chispa!".

Santiago continúa con la imagen gráfica del fuego. En el versículo 6 aprendemos:

"También la lengua es un ______________________, un mundo de ______________. Siendo uno de nuestros ______________________, ______________________ todo el ______________ y, ______________________ por el ______________________, prende a su vez ______________ a todo el ______________ de la ______________".

En los versículos 7 y 8, Santiago presenta otra sorprendente verdad sobre la lengua. Empieza enumerando cosas que sí podemos domar o controlar. Escribe la lista que se encuentra en el versículo 7: podemos domar...

"...toda clase de (1) ______________________, de (2) ______________, de (3) ______________________ y de (4) ______________________ ______________________".

Ahora completa esta verdad o hecho en el versículo 8: "... pero nadie puede

_______________ la ___________________".

¿Por qué? Porque...

"Es un _________ ______________________________,
lleno de ____________________ ____________________".

Ejemplos ridículos

A continuación, Santiago comparte varios pensamientos o verdades impactantes en los versículos 9 y 10. En el versículo 9 escribe:

"Con la lengua bendecimos a nuestro ______________ y
_____________________, y con ella maldecimos a las
________________________, ______________________
a __________________ de ____________".

Y resume lo que quiere decir en el versículo 10:

"De una misma ____________ salen _______________ y
____________________________".

En el versículo 10, ¿qué piensa Santiago sobre el hecho de que usamos nuestras bocas tanto para bendecir a Dios como para maldecir a la gente?

"Hermanos míos, _____________ no ____________ ser
__________".

Dios creó a cada ser humano a su imagen. Eso significa que cada ser humano es especial. Por lo tanto, no debemos "maldecir" a las personas, despreciarlas o insultarlas con palabras como "perdedor", "estúpido" o "idiota". Debemos bendecir a los demás y decir cosas buenas sobre ellos cuando les hablamos, o cuando hablamos de ellos a otras personas.

Ejemplos de la naturaleza

Lee la pregunta que Santiago hace en el versículo 11. ¿Cuál es la respuesta natural a esta pregunta?

______

Ahora lee la siguiente pregunta que hace Santiago en el versículo 12. ¿Cuál es la respuesta obvia a esta pregunta?

______

Santiago usa estos dos ejemplos de la naturaleza para hacer énfasis en lo que quiere decir. Confío en que respondiste **no** a las dos preguntas de los versículos 11 y 12. El agua dulce y el agua salada no pueden manar del mismo manantial, una higuera no puede producir aceitunas y una vid no puede producir higos.

Amiga, el mensaje de Dios es claro. Únicamente debería salir bien de la boca de una persona que ama y sigue a Dios. Alabanzas y malas palabras no deberían salir de la misma boca, y eso incluye **tu** boca.

UNA MIRADA A TU CORAZÓN

En este capítulo de Santiago, la Biblia nos enseña que cada persona que está viva, incluyéndonos a ti y a mí, tiene un GRAN problema con su boca y sus palabras. Pero la Palabra de Dios también nos dice qué hacer con nuestra lengua: cómo domarla. Aquí tienes tres instrucciones desde el corazón de Dios al tuyo. Subraya lo que estos versículos te sugieren decir (y no decir) con tu lengua:

- "Eviten toda conversación obscena. Por el contrario, que sus palabras contribuyan a la necesaria edificación y sean de bendición para quienes escuchan" (Efesios 4:29).
- "En efecto, 'el que quiera amar la vida y gozar de días felices, que refrene su lengua de hablar el mal y sus labios de proferir engaños...'" (1 Pedro 3:10).
- "Señor, ponme en la boca un centinela; un guardia a la puerta de mis labios" (Salmos 141:3).

Cada día cuando te despiertes, pídele a Dios que te ayude a vivir de una manera que a Él le agrade y ayude a otras personas. Una forma segura de hacerlo es con tus palabras. Estoy segura de que te has sentido herida por palabras duras, malas o que no eran ciertas que te dijeron a ti, o a otros. Pídele a Dios que te ayude a no ser *ese* tipo de chica: la jovencita cuya boca hiere y daña a los demás en lugar de ayudarlos. Estos tres pasos te ayudarán a domar tu lengua:

Piensa antes de hablar.
Mejor aún, ¡ora antes de hablar!
Y si te enojas, no digas nada.

UNA REVISIÓN DE TU CORAZÓN

Aquí tienes una verdad sobre la boca: todo lo que dices sale directamente de tu corazón. En Mateo 15:18, Jesús dijo: "Pero lo que sale de la boca viene del corazón y contamina a la persona".

Y, en Lucas 6:45, Jesús explicó: "El que es bueno, de la bondad que atesora en el corazón produce el bien; pero el que es malo, de su maldad produce el mal, porque de lo que abunda en el corazón habla la boca".

— Vuelve a leer Lucas 6:45. Subraya cada vez que Jesús usó la palabra "bueno, bondad o bien", y rodea en un círculo cada vez que usó la palabra "malo, maldad o mal". Deja que el mensaje de Jesús llegue a lo profundo de tu corazón.

— Ponte una meta personal de notar y llevar la cuenta de lo que dices y hablas. Una buena manera de llevar la cuenta es escribir en un diario cada día. Anota cosas buenas que dijiste y que ayudaron a otras personas. También anota algunas de las cosas que te arrepientes de haber dicho porque realmente hirieron a alguien. Después, pídele a Dios que mañana te ayude a decir las palabras correctas. Esto te ayudará a darte cuenta de cuándo estás dañando a los demás y cuándo tus palabras están ayudando a otros al decir más cosas positivas y que ayudan: cosas que bendicen y animan a otros.

— Piensa en 1 Samuel 23:16: "Jonatán hijo de Saúl fue a ver a David… y lo animó a seguir confiando en Dios". David y Jonatán eran muy buenos amigos. ¿Cómo puedes ser este tipo de amiga… este tipo de jovencita?

UNA ORACIÓN PARA HACER

Señor, ¡de verdad quiero vigilar mi boca y domar mi lengua! Sé cómo se siente ser herida por algo que alguien dice, y no quiero hacerle eso a nadie. Hago la misma oración que hizo el rey David: "Sean, pues, aceptables ante ti mis palabras y mis pensamientos" (Salmos 19:14). Ayúdame, Padre. Por favor, dame palabras que sean amables y alentadoras para otros, palabras que ayuden y edifiquen a otros. Te amo, Señor, y quiero amar a los demás con mis palabras. Amén.

SABIDURÍA DE SANTIAGO

"De una misma boca salen bendición y maldición.
Hermanos míos, esto no debe ser así".

Santiago 3:10

6

Haz lo correcto

SANTIAGO 3:13-18

13 ¿Quién es sabio y entendido entre ustedes? Que lo
demuestre con su buena conducta, mediante obras
hechas con la humildad que le da su sabiduría.
14 Pero, si ustedes tienen envidias amargas y rivalidades en
el corazón, dejen de presumir y de faltar a la verdad.
15 Esa no es la sabiduría que desciende del cielo, sino que es
terrenal, puramente humana y diabólica.
16 Porque donde hay envidias y rivalidades, también hay
confusión y toda clase de acciones malvadas.
17 En cambio, la sabiduría que desciende del cielo es ante
todo pura, y además pacífica, bondadosa, dócil, llena de
compasión y de buenos frutos, imparcial y sincera.
18 En fin, el fruto de la justicia se siembra en paz para los
que hacen la paz.

¿Escribes en un diario? Yo llevo haciéndolo desde que era una jovencita como tú. Un diario es un buen lugar para reflexionar sobre lo que te ha pasado durante el día y las cosas que estás aprendiendo. Puedes escribir versículos que te gusten y que quieras recordar. Puedes copiar algo que leíste en un libro o una revista y te ayudó. Ahí puedes tener tu lista de oración y ver cómo Dios responde a tus peticiones. Lo que escribes en tu diario es material sobre el que puedes meditar y reflexionar, especialmente las lecciones que Dios te está enseñando a través de su Palabra sobre cómo vivir tu fe.

Al haber pasado juntas por el capítulo 5, "Doma tu lengua", espero que el mensaje de parte de Dios te haya llegado alto y claro, y se haya asentado en lo profundo de tu corazón. Dios quiere que usemos nuestras palabras para ayudar a otros y bendecirlos; nunca para hacer daño. Ahora, al comenzar este nuevo capítulo, aprenderemos acerca de la **verdadera sabiduría** que nos ayuda a decir y hacer lo correcto. Como pronto descubrirás, hay dos tipos muy diferentes de sabiduría.

Antes de empezar a ver estos dos tipos de sabiduría, vuelve al capítulo 1 y lee Santiago 1, versículo 5. En este versículo, Santiago explica cómo puedes adquirir sabiduría. ¿Qué dijo que hicieras?

"...pídasela a ________________... pues ________________

______ a ________________ generosamente sin ________

________________________________ a ____________".

Y ¿qué dijo Santiago que sucedería?

"...y él se la ______________...".

Ahora, en Santiago 3:13-18 vamos a ver cómo describe Santiago los dos tipos de sabiduría.

Sabiduría celestial

Ya sabes que a Santiago le gusta sumergirse directamente en el asunto e ir directo al grano. ¿Cuál es la pregunta de Santiago en el versículo 13?

"¿Quién es ________________ y ____________________________
entre __________________________?".

El versículo 13 nos dice que quién es sabio y entendido...

"Que lo demuestre con su __________________ __________
_____________________, mediante _______________________
hechas con la ______________________________ que le da su
_________________________________".

En otras palabras, la forma en la que actúas es la prueba de que tienes sabiduría verdadera, el tipo de sabiduría que te ayuda a hacer lo correcto.

Ahora lee los versículos 17 y 18 y aprende acerca de la sabiduría celestial. Después volveremos a los versículos 14, 15 y 16 para aprender acerca de un tipo diferente de sabiduría.

En el versículo 17, Santiago llama a este tipo de sabiduría:

"...la sabiduría que ______________________ del ______________".

Él describe esta sabiduría celestial diciendo que es...

"ante todo pura, y además ____________________, bondadosa, _____________, llena de ____________ ________________ y de ____________________ ________________, imparcial y _________________".

Imagina por un momento tener un collar con una hermosa perla. Eso sería muy especial, ¿verdad? Seguro que querrías llevarlo todos los días. Ahora, imagina tener un collar con **siete** hermosas perlas. ¡Eso sería superincreíble! Y eso es exactamente lo que Santiago te está dando en el versículo 17: siete asombrosas perlas de sabiduría celestial que te harán más bella por dentro y por fuera.

Fíjate en lo que Santiago menciona primero: "la sabiduría que desciende del cielo es ante todo pura". Esto significa que la **pureza** es una de las características principales de la sabiduría celestial. A medida que sigamos conociendo a nuestro Dios santo, aprendamos a vivir de la forma en que Él quiere que vivamos, y lo adoremos y alabemos, creceremos en pureza.

¿Qué significa ser pura? Imagina un vaso de agua filtrada. Está completamente limpia y cristalina; no está mezclada con nada más. Eso suena refrescante, ¿verdad?

De la misma forma, cuando vivimos conforme a la sabiduría que viene de arriba...

— Tenemos **pensamientos** positivos y que nos ayudan. Los pensamientos malos y dañinos son filtrados y se quedan fuera.

— **Actuamos** del modo en que Jesús nos enseña a hacerlo, sin añadir ningún comportamiento malo o destructivo.

Por supuesto, a veces cometemos errores. ¿Significa eso que ya no podemos ser puras? ¡Por supuesto que no! La buena noticia es que, cuando nos equivocamos, Dios nos da una forma de limpiarnos y recuperar la pureza. En 1 Juan 1:9 leemos que:

> "Si confesamos nuestros pecados, Dios, que es fiel y justo, nos los perdonará y nos limpiará de toda maldad".

Confesar tus pecados significa estar de acuerdo con Dios cuando tus pensamientos o actos no son puros y agradables a Él. Por lo tanto, cuando **pienses** algo que no es puro, confiésalo. Cuando **digas** algo que no es puro, confiésalo. Jesús, quien murió por tus pecados, está listo para perdonarte.

Ahora, volvamos a Santiago. Después de decirnos cuál es la primera perla (❤ **la pureza**), nos da una lista de otras seis hermosas perlas que describen la sabiduría que viene del cielo:

❤ **pacífica:** dispuesta a hacer sacrificios para mantener la paz en tus relaciones

- **bondadosa:** dulce, amable y que perdona, no buscando tu propio camino
- **dócil:** dispuesta a escuchar y aprender de otros y tener en cuenta lo que tienen que decir
- **llena de compasión y de buenos frutos:** compasiva con otros y demostrando tu fe a través de tus actos
- **imparcial:** sin favoritismos
- **sincera:** no teniendo dos caras, sin fingir, engañar, o ser egoísta.

Al observar esta lista, pienso en el mejor lugar para practicar estas características de la sabiduría de Dios, y es en casa, con los que están más cerca de ti. La manera en que vives en tu casa muestra quién eres realmente. Así que sé esta persona en tu casa. Bendice a aquellos con los que vives, y después sal por la puerta y haz lo mismo, bendiciendo a otros.

En el versículo 18, Santiago nos dice que...

"...el ________________ de la ________________________

se siembra en _________________ para los que hacen la

________".

Santiago nos está diciendo que una persona sabia hará todo lo que pueda para ayudar a promover la paz.

Piensa de nuevo en tu vida en casa. ¿Tienes paz en tu corazón? ¿Buscas la paz en tu relación con tus hermanos y hermanas? Y a mamá y papá... ¿les haces la vida difícil, o haces que sus vidas sean más placenteras y más pacíficas?

Cuando practicas la sabiduría celestial en tus acciones y conducta diarias, agradarás a Dios, fomentarás la paz allí donde estés, y producirás una cosecha de justicia. En otras palabras, ¡estarás haciendo lo correcto!

Sabiduría terrenal

¡Seguramente no tengo que decirte que la sabiduría terrenal es justamente lo opuesto a la sabiduría celestial! Por desgracia, es muy fácil vivir con sabiduría terrenal o humana; pero la sabiduría terrenal nunca producirá buenas obras y humildad (v. 13). Y la sabiduría terrenal nunca producirá pureza, paz, bondad hacia los demás, obediencia, compasión, buenos frutos, imparcialidad, y sinceridad (v. 17).

En el versículo 14, Santiago nos dice lo que la sabiduría terrenal esconde en nuestros corazones:

"________________ amargas y rivalidades en el ______________".

Estas dos actitudes vienen a raíz de enfocarnos en lo que queremos (rivalidades [o ambiciones] en el corazón), pero no podemos tener (envidia). Santiago dice al final del versículo 14 que estas actitudes pueden incluso hacernos...

"________________ [de nuestra sabiduría terrenal] y... faltar a la ______________".

A continuación, Santiago nos dice de dónde viene realmente la sabiduría terrenal. El versículo 15 dice que:

"Esa no es la sabiduría que ______________________
del ______________, sino que es terrenal, puramente
________________ y ________________________".

Y ahora, en el versículo 16, Santiago nos revela lo que produce la sabiduría terrenal:

"Porque donde hay ______________________ y _____
________________________________, también hay
________________________________ y toda clase de
acciones ______________________".

En los versículos 15 y 16, Santiago describe cómo es la sabiduría terrenal. En el versículo 15, Santiago nos da dos listas. La primera describe aquella que "no es la sabiduría que desciende del cielo". Es...

1. ____
2. ____
3. ____

Por cierto: "Terrenal" significa que solo tiene en cuenta las cosas que podemos ver con nuestros ojos.

"Puramente humana" significa que está basada en el entendimiento humano y no es guiada por el Espíritu de Dios.

"Diabólica" significa que viene de Satanás.

En el versículo 16, Santiago nos da una segunda lista. Él señala los resultados de la sabiduría que no desciende del cielo. Dice que ahí hay...

1. ______________________________
2. ______________________________

Por cierto: "Confusión" es un estado de desorden; todo está hecho un caos.

"Toda clase de acciones malvadas" significa que, cuando no nos enfocamos en amar a Dios, causamos más y más problemas.

¡Una imagen vale más que mil palabras! Para ver una imagen del destrozo y el daño que la envidia y las ambiciones egoístas pueden causar, lee Números 12:1-2 a continuación. A medida que leas, recuerda que Aarón, Moisés y Miriam eran hermanos:

> "Moisés había tomado por esposa a una egipcia, así que Miriam y Aarón empezaron a murmurar contra él por causa de ella. Decían: '¿Acaso no ha hablado el Señor con otro que no sea Moisés? ¿No nos ha hablado también a nosotros?' Y el SEÑOR oyó sus murmuraciones".

Miriam y Aarón querían ser considerados líderes de la nación de Israel igual que su hermano Moisés. Empezaron a quejarse contra Moisés y a cuestionar su carácter, su matrimonio y su posición de liderazgo, y eso hizo que surgiera un conflicto horrible en su familia. Así que hablaron mal de Moisés con la gente. Ellos no eran pacificadores. No, eran alborotadores.

Por favor, ¡no tengas envidia de tu hermano o hermana ni los critiques! No vivas y actúes de acuerdo a la "sabiduría terrenal" que es la fuente de "toda clase de acciones malvadas". En lugar de eso, enfócate en hacer lo correcto, es decir, lo que Dios quiere que hagas. Enfócate en ser la mejor hermana que puedas ser; una hermana que hace lo correcto y no critica a los demás miembros de su familia.

Amiga, la sabiduría terrenal no es para nada sabiduría verdadera. Crea tensión y problemas allí donde vayas. Piénsalo de esta forma:

> Deberíamos evitar la sabiduría terrenal cueste lo que cueste. Y deberíamos perseguir la sabiduría celestial cueste lo que cueste.

UNA MIRADA A TU CORAZÓN

¡Dios está haciendo florecer muchas cualidades hermosas en tu corazón! Quiere que te enfoques en la sabiduría celestial que Él provee. Si lo haces, a medida que vives tu vida y tu fe en tu casa, en tu escuela y en la iglesia, estas actitudes y acciones "recogerán una cosecha de justicia" (v. 18, NTV). Serás una pacificadora en lugar de una alborotadora.

Me encanta el libro de Santiago porque dice las cosas como son. Santiago usa un lenguaje muy sencillo para que no te pierdas el mensaje de Dios. Santiago también crea listas que nos detallan las actitudes y acciones que Dios quiere edificar en ti. También te permite saber las cosas que definitivamente Dios no quiere ver, esas cosas que no son de Él, sino que son "diabólicas", es decir, que vienen del diablo.

Como siempre, revisa tu corazón. ¿Qué ves? ¿Estás produciendo sabiduría celestial o terrenal?

UNA REVISIÓN DE TU CORAZÓN

Hemos visto MUCHA información en este capítulo. Hemos inspeccionado dos tipos diferentes de sabiduría: la sabiduría celestial y la sabiduría terrenal. Vimos siete características de la sabiduría celestial. Y definitivamente entendemos mejor lo que es la sabiduría terrenal.

Ahora es tiempo de mirar dentro de tu corazón. Ve de nuevo a las páginas 73-74 y repasa las siete características de la sabiduría celestial. A continuación, escribe dos o tres maneras en que puedes usar la sabiduría celestial que Dios te da. Cuando termines, ora a tu Padre celestial y dale las gracias por su sabiduría celestial. A Él le encantará ayudarte a hacer su voluntad; ¡a hacer lo que es correcto!

"Con la ayuda de Dios, usaré la sabiduría celestial para..."

1. ____

____

2. ____

____

3. ____

____

UNA ORACIÓN PARA HACER

"Padre nuestro que estás en el cielo...". ¡Ese eres tú, Dios! Me encanta hablar contigo, y me encanta orar el Padrenuestro. Quiero darte las gracias con todo mi corazón por la sabiduría que viene de arriba: tu perfecta sabiduría celestial que siempre está disponible para mí. Puedo orar y pedir tu sabiduría, y puedo leer tu Palabra y encontrarla. Abre mi corazón y mi voluntad para querer hacer lo que es correcto... y hacerlo. Quiero mostrarle al mundo entero, por medio de lo que hago y digo, que soy una verdadera seguidora tuya. ¡Gracias por ser mi Padre celestial! Te amo. Amén.

SABIDURÍA DE SANTIAGO

"¿Quién es sabio y entendido entre ustedes? Que lo demuestre con su buena conducta, mediante obras hechas con la humildad que le da su sabiduría".

Santiago 3:13

"Porque donde hay envidias y rivalidades, también hay confusión y toda clase de acciones malvadas".

Santiago 3:16

"En cambio, la sabiduría que desciende del cielo es ante todo pura, y además pacífica, bondadosa, dócil, llena de compasión y de buenos frutos, imparcial y sincera".

Santiago 3:17

7

Acércate a Dios

SANTIAGO 4:1-10

1 ¿De dónde surgen las guerras y los conflictos entre uste-
des? ¿No es precisamente de las pasiones que luchan den-
tro de ustedes mismos?

2 Desean algo y no lo consiguen. Matan y sienten envidia,
y no pueden obtener lo que quieren. Riñen y se hacen la
guerra. No tienen, porque no piden.

3 Y, cuando piden, no reciben porque piden con malas
intenciones, para satisfacer sus propias pasiones.

4 ¡Oh gente adúltera! ¿No saben que la amistad con el
mundo es enemistad con Dios? Si alguien quiere ser
amigo del mundo se vuelve enemigo de Dios.

5 ¿O creen que la Escritura dice en vano que Dios ama
celosamente al espíritu que hizo morar en nosotros?

6 Pero él nos da mayor ayuda con su gracia. Por eso dice la
Escritura:

> «Dios se opone a los orgullosos, pero da gracia
> a los humildes».

7 Así que sométanse a Dios. Resistan al diablo, y él huirá
de ustedes.
8 Acérquense a Dios, y él se acercará a ustedes. ¡Pecadores,
límpiense las manos! ¡Ustedes los inconstantes, purifi-
quen su corazón!
9 Reconozcan sus miserias, lloren y laméntense. Que su
risa se convierta en llanto, y su alegría en tristeza.
10 Humíllense delante del Señor, y él los exaltará.

¡Ay, ay, ay! Aquí viene un tema importante para ti... y para mí... ¡y para todas las personas sobre la faz de la tierra! Pero, antes de adentrarnos en este tema, veamos un poco del trasfondo de la historia.

Cuando Dios creó a Adán y Eva, todo era perfecto. Los dos estaban cerca de Dios. Incluso caminaban y hablaban con Él... ¡hasta que Adán y Eva comieron del único fruto que Dios les dijo que no comieran!

En ese mismo instante, el pecado y el caos entraron de inmediato en el mundo. Adán y Eva comenzaron a apartarse de Dios, y sus hijos e hijas continuaron alejándose aún más de Dios, entristeciendo en gran manera a Dios y a Adán y Eva. Por culpa del enojo, la envidia, el odio y la rivalidad entre hermanos, Caín mató a su hermano Abel, cometiendo el primer asesinato.

¿Tienes hermanos y hermanas? Si es así, estoy segura de que sabes que los hermanos y las hermanas riñen y discuten. A veces, incluso, gritan y pierden los nervios. Cuando vives bajo el mismo techo con alguien, batallarás con la rivalidad, el egoísmo y el enojo.

Bueno, pues Santiago tiene unos consejos muy importantes para nosotras. Él tiene información que nos ayudará a entender cómo podemos acercarnos más a Dios para así poder llevarnos mejor unos con otros, ¡especialmente con quienes vivimos!

¿Por qué es tan difícil llevarse bien con la gente, y qué podemos hacer al respecto? Antes de sumergirnos en la respuesta de Santiago a estas preguntas, echemos un vistazo a Génesis 4:2-8, para ver qué pasó exactamente entre Caín y su hermano Abel.

2 Después dio a luz a Abel, hermano de Caín. Abel se dedicó a pastorear ovejas, mientras que Caín se dedicó a trabajar la tierra.

3 Tiempo después, Caín presentó al Señor una ofrenda del fruto de la tierra.

4 Abel también presentó al Señor lo mejor de su rebaño, es decir, los primogénitos con su grasa. Y el Señor miró con agrado a Abel y a su ofrenda,

5 pero no miró así a Caín ni a su ofrenda. Por eso Caín se enfureció y andaba cabizbajo.

6 Entonces el Señor le dijo: «¿Por qué estás tan enojado? ¿Por qué andas cabizbajo?

7 Si hicieras lo bueno, podrías andar con la frente en alto. Pero, si haces lo malo, el pecado te acecha, como una fiera lista para atraparte. No obstante, tú puedes dominarlo».

8 Caín habló con su hermano Abel. Mientras estaban en el campo, Caín atacó a su hermano y lo mató.

¿Qué dicen los versículos 4 y 5 que hizo que Caín se enojara con su hermano y le odiara?

"Y el SEÑOR miró con ________________ a Abel y a su ____________________, pero ________ miró así a Caín ni a su ____________________. Por eso Caín se ____________________...".

Esta es una historia terrible y triste, ¿no es así? Caín no estaba interesado en acercarse a Dios o en hacer lo que Dios quería que hiciera. Así que, en su enojo, Caín hizo algo terrible: mató a su hermano.

El lado oscuro de la vida

A medida que empezamos a ver el capítulo 4 de Santiago, prepárate para encontrarte con una lista de pecados como el que vimos en Caín. Esta lista nos muestra el lado oscuro de la vida, los pecados que cometemos que van en contra de la Palabra de Dios y nos impiden estar cerca de Dios.

Para empezar, alguna vez te has preguntado, como lo hace Santiago en el versículo 1: "¿De dónde surgen las guerras y los conflictos entre ustedes?". Escribe la respuesta de Santiago en el versículo 1:

"precisamente de las ____________________ que luchan ______________ de ustedes ______________".

Ahora escribe la respuesta que nos da Santiago en el versículo 2:

"Desean algo y ___________ ___________ consiguen.

_____________________ y sienten envidia, y no pueden

_________________________ ________ ___________

_____________________. ________________ y se hacen

la _________________".

Santiago termina el versículo 2 diciéndonos lo que nos ayudará a lidiar con la envidia, los celos y el deseo por lo que no tenemos: cosas que nos impiden acercarnos más a Dios:

"No tienen, ______________ ______ ______________".

¿Alguna vez has orado y orado por algo y no ha pasado nada? Es fácil frustrarse y confundirse cuando crees que Dios no ha contestado tu oración. Santiago nos revela una de las razones por las que esto podría suceder. ¿Qué dice acerca de esto en el versículo 3? "Y, cuando piden, no reciben...

... porque _________________ con ___________________

____, para

______________________________________ sus propias

__________________________".

Si tienes un diario o un cuaderno en el que te encanta escribir, estas son algunas cosas que puedes hacer. También puedes usar la página 98.

— Escribe tus peticiones de oración. Después echa un vistazo a tu lista y piensa en lo que estás pidiendo realmente, y por qué lo estás pidiendo.

— La próxima vez que ores, escúchate a ti misma, escucha tus palabras. ¿Por qué cosas estás orando? ¿Estás pensando en otros y pidiéndole a Dios que les ayude, o estás pensando en ti misma y pidiendo lo que tú quieres?

En los versículos 2 y 3, Santiago menciona los problemas más comunes en la oración. Después de escucharte a ti misma orar, marca cuál (o cuáles) describen el contenido de tus oraciones:

___ No pido nada (v. 2).

___ Pido con una motivación incorrecta (v. 3).

___ Pido las cosas incorrectas (v. 3).

— Prueba a escribir tus oraciones. Después hazlas en voz alta. Escuchar lo que estás pidiendo te ayudará a corregir los tres problemas mencionados arriba.

Reflexiona acerca de lo que te voy a contar a continuación. Hace tiempo escuché una historia sobre un joven cuyo padre cultivaba maíz y guardaba grandes cantidades en su granja, esperando a que el precio del maíz subiera para poder venderlo por una gran cantidad de dinero. Cada día, el padre del joven oraba: "Oh Dios, acuérdate de los pobres y los necesitados y suple sus necesidades".

Un día, después de que su padre terminó de hacer esa oración, el joven preguntó: "Papá, ¿me das la mitad del maíz que hay en la granja?". Como es lógico, el padre preguntó: "¿Por qué? ¿Qué harías con tanto maíz?".

El joven respondió: "Contestaría tus oraciones por los pobres y los necesitados. Les daría un poco de maíz".[6]

Recuerda siempre que Dios quiere que pidamos;
que pidamos las cosas correctas
y que las pidamos por los motivos correctos.

Una llamada de atención

Podríamos decir que Santiago capítulo 4 y versículos 4-6 es lo que podríamos denominar una llamada de atención. ¿Quieres saber si te estás acercando más a Dios o si te estás alejando? Santiago comienza preguntando en el versículo 4:

"...¿No saben que la ______________________ con el ______________ es enemistad con ___________?".

Por cierto: "Enemistad" significa hostilidad, resentimiento, u odio.

¿Qué concluye Santiago en el versículo 4?

"Si alguien quiere ser _______________ del mundo se vuelve ____________________ de Dios".

Santiago 4, versículo 5, es un poco difícil de entender. La Nueva Traducción Viviente hace que el mensaje de Santiago sea un poco más claro: "¿Acaso piensan que las Escrituras no significan nada? Ellas dicen que Dios desea fervientemente que el espíritu que puso dentro de nosotros le sea fiel".

Esto significa que en lugar de enfocarnos en nosotras

mismas y ser egoístas y mundanas, debemos enfocarnos en Dios y en el Espíritu Santo.

¿Qué significa enfocarse en Él? Incluye...

Darle gracias a Dios todos los días por el Espíritu Santo, que vive dentro de nosotros, los que creemos de verdad: en todos los cristianos. ¡Esto te ayudará a recordar que Dios siempre está contigo!

Confiar en Dios sabiendo que Él suplirá cada una de tus necesidades. Cuando sabes que Dios te está cuidando, no tienes que preocuparte por conseguir lo que quieres.

Obedecer a Dios amando a otros de maneras prácticas. Dios quiere que bendigas a otros.

Cuando nos enfoquemos en Dios y le demos gracias, confiemos en Él y le obedezcamos, pronto nos daremos cuenta de que las cosas que hemos querido no son nada comparadas con lo que Dios nos ofrece. Cuando esto ocurra, ¡sabrás que estás acercándote a Dios!

¡No te pierdas la maravillosa verdad que se encuentra en el versículo 6! Dios siempre está disponible para ayudarte a hacer lo que Él quiere que hagas. Él nunca te pedirá que hagas algo que no vaya a ayudarte a lograr. ¿Qué te da Dios a ti y a todo su pueblo para que podamos mantenernos firmes en contra de la maldad del mundo?

"...él nos da ________________ ________________ con su gracia".

La lista divina de Dios

¿Estás preparada para otra lista de Santiago? Santiago 4:7-10 es una lista que incluye mandamientos, instrucciones, e información para acercarnos más a Dios. Es como una "lista divina" para personas que quieren ser amigas de Dios y no ser amigas del mundo. Como una jovencita conforme al corazón de Dios y que ama al Señor, tu vida se trata de acercarte a Dios. Así que vamos a aprender más sobre nuestra relación con Dios de la lista de Santiago. Llena los espacios en blanco con palabras de los versículos de la Biblia. Y, sobre todo, abre tu corazón para recibir estas verdades y ponerlas en práctica.

Antes de entrar de lleno en el llamado de Dios a servirlo, Santiago nos recuerda en el versículo 6 que la Biblia dice...

"Dios se opone a los ______________________,
pero da gracia a los ______________________".

En el versículo 7, Santiago comienza su lista divina para los amigos de Dios:

✓ **#1** "Así que ______________________ a ______________".

Por cierto: "Someterse" significa decidir hacer las cosas a la manera de Dios, obedecer su Palabra y su voluntad para tu vida, y seguir sus indicaciones.

Como amigos de Dios, nunca debemos tenerle miedo a nuestro enemigo, el diablo. En el versículo 7, ¿qué más dice Santiago que hagamos y cuál será el resultado?

___✓___ **#2** "Resistan al ______________________, y él

______________ de ____________________".

Resistir al diablo significa escoger *no* ceder a la tentación. Cuando haces eso, el diablo se aparta. En el versículo 8, ¿qué sucede cuando te acercas a Dios?

___✓___ **#3** "Acérquense a ____________________, y él se

__________________ a __________________".

Cuando te acercas a Dios, le estás dando la espalda al diablo. También te alejas de tus pecados. En el versículo 8, Santiago dice que, cuando nos apartamos de nuestros pecados, es como si nos los quitáramos al lavarnos.

___✓___ **#4** "¡Pecadores, límpiense __________________

____________! ¡Ustedes los ________________

__________________, purifiquen __________

__________________!".

A medida que nos limpiamos y eliminamos nuestros pecados, a menudo nos entristecemos por lo que hemos hecho. Santiago describe estos sentimientos en el versículo 9:

✓ **#5** "Reconozcan sus miserias, ______________

y ______________________________".

¿Significa esto que siempre debemos estar tristes? ¡Ni hablar! Sin embargo, en lugar de reírnos de nuestras malas decisiones, debemos tomarnos en serio el apartarnos de ellas, como explica Santiago en el versículo 9:

✓ **#6** "Que su ________________ se convierta en

________________, y su ____________________

en ________________________".

¡Vaya, hay mucho sobre lo que reflexionar! Ahora, en el versículo 10, Santiago termina su lista de la misma forma en que la empezó: con muy buenas noticias. Mira lo que sucede cuando decidimos humillarnos y hacernos amigos de Dios:

✓ **#7** "Humíllense delante del ________________,

y él _________ ________________________".

Es asombroso, ¿no crees? Piensa en esto: no tienes que exaltarte a ti misma, poner lo tuyo primero o gastar tiempo y energía en conseguir lo que quieres. En lugar de eso, cuando te humillas a ti misma, ¡*Dios* te exaltará! Él es un amigo de verdad. Es *tu* amigo de verdad.

Ahora, vuelve a repasar la lista divina de Dios y escribe a continuación las primeras palabras de cada uno de los siete mandamientos que se nos dan en los versículos 7-10. Estos hechos y decisiones te ayudarán a acercarte más a Dios:

#1 ______________________________

#2 ______________________________

#3 ______________________________

#4 ______________________________

#5 ______________________________

#6 ______________________________

#7 ______________________________

UNA MIRADA A TU CORAZÓN

Proverbios, uno de los libros del Antiguo Testamento, es muy parecido al libro de Santiago. Ambos están llenos de instrucciones prácticas para nuestro día a día. Una gran parte del libro de Proverbios está dedicada a los jóvenes. Aquí tienes un proverbio clave para ti: "Por sobre todas las cosas cuida tu corazón, porque de él mana la vida" (Proverbios 4:23).

Tu corazón es la clave para acercarte más a Dios. Con tu corazón amas a Dios. Con tu corazón obedeces su Palabra. Con tu corazón hablas con Dios por medio de la oración. Con tu corazón tomas buenas (¡o malas!) decisiones. Con tu corazón amas a los demás. Con tu corazón escoges las palabras que dices, ¡y también las que no dices! Con tu corazón decides andar en los caminos de Dios, y vivir tu fe.

En este capítulo hemos visto MUCHAS acciones y respuestas del corazón. Por ejemplo...

— Esta lección comenzó con peleas y disputas. El corazón, amiga mía, es el lugar donde decidimos no pelear y discutir. El corazón es donde ponemos a prueba nuestras motivaciones y las razones por las que hacemos o queremos ciertas cosas.

— Otra lección que Santiago nos hace llegar al corazón es trabajar para tener una relación más profunda y cercana con Dios, y no con el mundo. De hecho, Santiago dijo: "Si alguien quiere ser amigo del mundo se vuelve enemigo de Dios" (v. 4). Entonces, ¿dónde está tu corazón? ¿Amas a Dios... o amas al mundo? A medida que leas tu Biblia a diario, la Palabra de Dios lavará tu corazón y tu alma... y te guiará a vivir a la manera de Dios, que es vivir cerca de Él.

— Nuestra lección final ha sido acerca de la humildad. No hay nada más bonito y agradable que una jovencita con un corazón humilde. Con el corazón nos sometemos a Dios. Con un corazón humilde nos acercamos a Dios. Con el corazón servimos a los demás con alegría y humildad. Y el corazón humilde buscará la pureza.

Como una jovencita conforme al corazón de Dios, toma la decisión cada día de seguir esta instrucción que se encuentra en el libro de Proverbios: "Por sobre todas las cosas cuida tu corazón, porque de él mana la vida". Si no estás segura de cómo empezar, haz lo que aconseja Santiago en el versículo 2. Él escribió: "No tienen, porque no piden". Conviértete en una jovencita que ora todos los días. Pídele a Dios que te ayude, que te guíe, y que te muestre el camino a su corazón: la manera en que te convertirás en una jovencita conforme al corazón de Dios.

Piensa en la oración de esta forma: ¿Cómo llegas a conocer a alguien en la escuela o en el vecindario? Hablas con él o ella, ¿no es así? Es igual con Dios. La oración es la forma en que te acercas más a Él y lo conoces mejor. La oración es la manera en que Dios se convierte en tu mejor amigo.

UNA REVISIÓN DE TU CORAZÓN

A continuación tienes algunos ejercicios que puedes hacer para fortalecer tu amor por Dios. Todos ellos proceden de Santiago 4:7-10. Estos pasos te ayudarán a acercarte más a Él:

- "Así que sométanse a Dios" (4:7). Date cuenta de que necesitas el perdón de Dios, y disponte a seguirlo a Él.
- "Resistan al diablo" (4:7). No tienes por qué creerte sus mentiras o caer en sus tentaciones.
- "Límpiense las manos" (es decir, vivir una vida pura), y "purifiquen su corazón" (4:8). Límpiate del pecado y reemplázalo por la pureza de Dios.
- Que haya lágrimas, tristeza y dolor genuino por tus pecados (4:9).
- "Humíllense delante del Señor" (4:10). Reconoce que tu valor viene únicamente de Dios. Él te exaltará (1 Pedro 5:6).

UNA ORACIÓN PARA HACER

Oh, querido Padre celestial, ¡tengo mucho trabajo que hacer! Al mirar dentro de mi corazón, veo muchas cosas que están en tu lista de cosas que no debo hacer. En este mismo momento, me humillo ante ti al orar. Te pido con toda sinceridad que trabajes en mi corazón y que me guíes a las mejores decisiones, decisiones que me acerquen a ti y que me hagan más parecida a ti. Eso es lo que más quiero. Te amo, Padre, y necesito tu ayuda. Amén.

SABIDURÍA DE SANTIAGO

"No tienen, porque no piden".
Santiago 4:2

"Y, cuando piden, no reciben porque piden con malas intenciones, para satisfacer sus propias pasiones".
Santiago 4:3

"Si alguien quiere ser amigo del mundo se vuelve enemigo de Dios".
Santiago 4:4

"Dios se opone a los orgullosos, pero da gracia a los humildes".
Santiago 4:6

8

Cuidado con lo que dices

SANTIAGO 4:11-17

11 Hermanos, no hablen mal unos de otros. Si alguien habla mal de su hermano, o lo juzga, habla mal de la ley y la juzga. Y, si juzgas la ley, ya no eres cumplidor de la ley, sino su juez.

12 No hay más que un solo legislador y juez, aquel que puede salvar y destruir. Tú, en cambio, ¿quién eres para juzgar a tu prójimo?

13 Ahora escuchen esto, ustedes que dicen: «Hoy o mañana iremos a tal o cual ciudad, pasaremos allí un año, haremos negocios y ganaremos dinero».

14 ¡Y eso que ni siquiera saben qué sucederá mañana! ¿Qué es su vida? Ustedes son como la niebla, que aparece por un momento y luego se desvanece.

15 Más bien, debieran decir: «Si el Señor quiere, viviremos y haremos esto o aquello».

16 Pero ahora se jactan en sus fanfarronerías. Toda esta jactancia es mala.

17 Así que comete pecado todo el que sabe hacer el bien y no lo hace.

¡Caramba! ¡Cuidado! Santiago se está metiendo en aguas profundas y no se reprime. Tiene un puñado de cosas urgentes que decir y nosotras tenemos algunas decisiones que tomar. Sus mensajes son tan importantes que no puede esperar para hablarnos. Y no puede ir poco a poco y con tacto al compartirnos estas verdades. No, ¡tiene la necesidad de hablarnos AHORA! Así que, ¡allá vamos!

Escoge bendecir

Inmediatamente, en Santiago 4, versículo 11, ¿qué quiere Santiago que sepamos? "Hermanos,

no ____________________ __________ unos de otros".

> **Por cierto:** "Hablar mal" es un término que significa…
>
> — ensuciar la reputación de alguien
>
> — acusar a alguien de algo que no es cierto.

Tú y yo (y todos) hemos tenido experiencias en las que hemos hablado mal de alguien, o alguien ha hablado mal de nosotras. Y sabemos de primera mano que los chismes duelen. Hieren nuestros sentimientos. Hieren nuestra reputación. Hieren nuestras amistades. Y lo peor de todo es que hieren nuestro testimonio y reputación como cristiana, como una persona que conoce a Dios.

Y aún hay más daños: cuando hablamos mal de alguien o contamos chismes, es como si diéramos un paso atrás en nuestro camino a convertirnos en una jovencita conforme al corazón de Dios. Pero podemos dar gracias a Dios porque, cuando tomamos malas decisiones, podemos confesarle a Él esos pecados y Él nos limpiará de nuevo.

Al continuar leyendo, entiende que esta no es la primera ni la última vez que al pueblo de Dios se le dice que no hablen mal de otros o cuenten chismes. La ley del Antiguo Testamento nos dice:

> "No andes difundiendo calumnias entre tu pueblo" (Levítico 19:16).

También, uno de los Diez Mandamientos dice:

> "No des falso testimonio en contra de tu prójimo" (Éxodo 20:16).

El chisme y el hablar mal son problemas reales para la mayoría de las chicas, ¡ya sean jóvenes como tú o mayores como tu abuela! ¿Por qué chismeamos? Tal vez es que nos gusta mucho compartir secretos con nuestro mejor amigo o amiga. Quizá es porque queremos un poco de atención que, por supuesto, obtenemos cuando hablamos de chismes jugosos. Tal vez es porque queremos sentir que somos mejores que otros, así que les hacemos de menos o contamos algo malo, vergonzoso o falso sobre ellos.

Aquí, en la Palabra de Dios, Santiago te está diciendo: "no

hablen mal unos de otros". Él te está pidiendo que escojas ser una jovencita conforme al corazón de Dios, que decidas ser una jovencita que bendice a otros. Una jovencita que ayuda a los demás a crecer en lugar de derribarlos con chismes y hablando mal de ellos. Si el chisme es un problema para ti, aquí hay algunas cosas que puedes hacer.

Cosas que hacer para vencer al chisme

- ¡Entrégale tu lengua a Dios! Él la hizo y le gustaría ayudarte a controlarla.
- Pídele a Dios que te perdone por las veces que has escuchado o contado chismes.
- Piensa en algo que puedas decir cuando tus amigas empiecen a contar chismes. ("¿Podemos hablar de otra cosa?").[8]

Escoge amar

Probablemente te hayas dado cuenta de que en su carta, a personas como tú y como yo, Santiago habla mucho sobre el amor. También nos habla sobre muchas acciones y actitudes que no muestran amor. En los versículos 11 y 12 escribe:

"Si alguien ________________ mal de su ______________

__________, o ______juzga, habla mal de la ___________

y ______ ________________".

En el mismo versículo, Santiago continúa diciendo:

"Y, si ________________ la ley, ya no eres ________ ________________ de la ley, sino su __________".

En el versículo 12, Santiago explica: "No hay más que un solo legislador y juez, aquel que puede salvar y destruir". Y, a continuación, Santiago pregunta:

"Tú, en cambio, ¿______________ ______________ para juzgar a _____ ____________________?".

Santiago está puntualizando que Dios es el Legislador y también es el Juez. Y Dios nos dice en su Palabra que no debemos, bajo ningún concepto, hablar mal de los demás. También nos dice que cuando juzgamos y criticamos a alguien, cuando hacemos de menos y despreciamos a los demás hablando mal de ellos, en realidad estamos juzgando y criticando la ley de amor de Dios. No es de extrañar que Dios diga: "Tú, en cambio, ¿quién eres para juzgar a tu prójimo?". Es como si preguntara: "¡¿Y tú quién te crees que eres?!".

Tú y yo no fuimos puestas en esta tierra para juzgar a los demás; esa tarea le corresponde a Dios. Pero Dios deja muy claro que *sí* fuimos puestas en esta tierra para amar a los demás. Por lo tanto, ¡deja que tu amor fluya! ¡Deja que brille!

¿Qué puede ayudarnos a dejar de criticar a los demás y menospreciarlos? Echa un vistazo a estas soluciones de la Biblia, y marca dos o tres que quieras recordar... y poner en práctica:

___ "Traten ustedes a los demás tal y como quieren que ellos los traten a ustedes" (Mateo 7:12).

___ "Ama a tu prójimo como a ti mismo" (Mateo 22:39).

___ "Este es mi mandamiento: que se amen los unos a los otros" (Juan 15:17).

___ "Por encima de todo, vístanse de amor" (Colosenses 3:14).

___ "Amen a los hermanos" (1 Pedro 2:17).

___ "Amémonos los unos a los otros, porque el amor viene de Dios" (1 Juan 4:7).

___ "Y él nos ha dado este mandamiento: el que ama a Dios, ame también a su hermano" (1 Juan 4:21).

Aquí tienes algo muy de chicas. En la lista que acabamos de ver, a mí se me van los ojos directamente a Colosenses 3:14, que dice: "Por encima de todo, vístanse de amor". Cuando lo leí, mi mente inmediatamente pensó en la rutina de vestirme cada día.

Esta es la imagen. Ya sabes cómo va: tienes ropa en el armario y en los cajones. (Bueno, espero que por lo menos estén en un armario y en los cajones, ¡y no tirada por el piso, en la cama y en los muebles!). Bueno, como decía, cada día te vistes. Seleccionas ropa y te la pones. Y, por supuesto, algunas de tus prendas te gustan más que otras. Tienes colores favoritos, estilos favoritos... ¡y zapatos favoritos! Y tal vez te pones también alguna de tus pulseras, o collares, o cintas del cabello favoritas.

Ahora piensa en esto: cada vez que te vistas, selecciona la ropa que te gusta y asegúrate de tener el visto bueno de tu mamá. Después vístete. Pero, antes de salir de tu cuarto, asegúrate de "vestirte de amor". Y a continuación vive tu día difundiendo el amor de Dios allá donde vayas. Escoge amar, y rechaza chismear o hablar mal de otros; y rechaza estar con aquellos que lo hacen. Tu tarea de parte de Dios es amar.

Escoge confiar en Dios

Santiago ha estado mostrándonos un problema que tiene que ver con nuestra forma de hablar: hacemos daño a otros cuando hablamos mal de ellos. Ahora nos muestra otro problema que tiene que ver con nuestras palabras, y es sobre cómo hacemos nuestros planes.

Viajar no es algo nuevo. En tiempos de Santiago (cerca del 50 d.C., ¡que es hace casi dos mil años atrás!), la gente no viajaba en avión o en auto; en cambio, los vendedores viajaban de ciudad en ciudad en caravanas y en barcos.

Evidentemente, ¡esos hombres eran expertos en hacer planes! Tal vez fuera porque sus cansados viajes, caminando por el desierto y surcando los mares, a menudo requerían hasta un año entero. Lee ahora en Santiago 4:13 cómo Santiago comienza a dar un mensaje sobre confiar nuestros planes a Dios:

> "Ahora escuchen esto, ustedes que dicen: 'Hoy o mañana iremos a tal o cual ciudad, pasaremos allí un año, haremos negocios y ganaremos dinero'".

¡Esta gente de negocios, al hacer tantos planes, estaba olvidando algunos puntos clave de la vida! En el versículo 14, Santiago les recuerda:

"¡...ni siquiera saben ________ ________________
________________! ¿Qué es ______ __________?
Ustedes son como la ______________, que aparece
por ________ ______________________ y luego se
________________________".

Aquellas personas alardeaban de cómo emplearían su tiempo, vivirían sus vidas y ganarían dinero, pero Santiago les dice en el versículo 15:

"Más bien, debieran decir: 'Si el ________________
________________, ______________________ y
haremos __________ o ____________________'".

Santiago señala la arrogancia de esas personas en el versículo 16:

"Pero ahora se jactan en sus ____________________
________________. Toda esta ______________
__________ es __________".

En los versículos 14-16, Santiago les dijo a estos mercaderes, y también a todo el pueblo de Dios, que se acordaran de Dios y lo honraran en todo lo que hicieran, incluidos sus planes.

Por cierto: Dios no te está pidiendo que dejes de hacer planes o que dejes de avanzar hacia metas sólidas. Dios te está recordando que Él tiene todo el control. Todo lo que suceda en tu vida deberías enfrentarlo con esta mentalidad: "Si el Señor quiere..." (v. 15). Debes reconocer y considerar a Dios en todos tus planes y actividades.

Ahora, en el versículo 17, Santiago termina su mensaje con un principio clave para vivir la vida cristiana:

"Así que ____________________ ____________________
todo el que sabe ________________ el _____________ y
______ lo hace".

UNA MIRADA A TU CORAZÓN

En Santiago 3:9 aprendimos que "con la lengua bendecimos a nuestro Señor y Padre, y con ella maldecimos a las personas, creadas a imagen de Dios". Pues bueno, amiga, lo que sale de tu boca es asunto del corazón. Jesús dijo que "de lo que abunda en el corazón habla la boca" (Lucas 6:45). Cuando hablamos mal de alguien y le dañamos o arruinamos su reputación, le estamos enseñando a todo el mundo que nos observa lo que sucede en nuestro corazón y en nuestra mente, y no es precisamente algo agradable.

¿Qué puedes hacer con respecto a tu corazón? Comienza llenando tu corazón y tu mente con la Palabra de Dios cada mañana, antes de salir de tu cuarto y de tu casa.

La Palabra de Dios también te enseñará acerca del amor, y cómo amar. Mientras estés a solas con Dios, piensa en Él. Ora. Dale gracias y alábalo. Busca agradarlo a Él siendo una jovencita conforme al corazón de Dios; una jovencita que quiere amarlo, obedecerlo, confiar en Él y hacer su voluntad, una jovencita que vive su fe.

En este capítulo también aprendimos que todos nuestros planes deberían incluir a Dios. Somos "administradoras", o gerentes, de nuestro tiempo. Eso significa que nuestro tiempo en realidad es de Él, y debemos usarlo de la manera que Él quiere que lo hagamos. Dios quiere que estemos abiertas a su voluntad. Él quiere que planifiquemos nuestro tiempo y actividades en torno a Él, y teniéndolo a Él en mente. Es como tener una mentalidad de plan A y plan B. Pones en marcha el plan A pero a la vez estás abierta a cualquier cambio de planes que Dios quiera hacer en tu día.

Digamos que debes ir de compras con mamá hoy (ese es tu plan A), pero surge algo y ella no puede ir. Dado que le has entregado tu día a Dios y confías en que Él te guiará, no armas un berrinche. No te enojas y no te quejas. No te encierras en tu cuarto a llorar. No, ¡te adaptas! Aceptas el plan de Dios (el plan B), que siempre es mejor. Como dijo Santiago en el versículo 15, cuando hacemos nuestros planes, decimos: "Si el Señor quiere, viviremos y haremos esto o aquello".

Cuando hagas tus planes o fijes la vista en algo, asegúrate de mantenerte flexible para poder girar cuando sea y hacia donde sea cuando Dios te guíe a hacerlo. Que el deseo de tu corazón sea siempre hacer lo que Dios quiere que hagas, y Él te dará a conocer su plan, que siempre será "la voluntad de Dios, buena, agradable y perfecta" (Romanos 12:2).

UNA REVISIÓN DE TU CORAZÓN

Ahora tomemos la información del apartado **Una mirada a tu corazón** y usémosla para la **revisión de tu corazón.** Pregúntate a ti misma...

- ¿Cuántas veces participé de los chismes la semana pasada? (Señala una de las opciones).

todos los días   varias veces   pocas veces

- ¿Qué cosa haré diariamente para poner fin a este pecado?

- ¿Cuán a menudo estoy llenando mi mente y mi corazón con la Palabra de Dios? (Señala una de las opciones).

todos los días | varias veces por semana | solo en la iglesia

- Escribe lo que piensas hacer la próxima semana para llenar tu corazón con las verdades de Dios.

- ¿Cómo suelo manejar un plan B, o un cambio de planes? (Marca una de las opciones).

me enojo | me quedo de mal humor en mi cuarto | lo acepto como la voluntad de Dios

- ¿Qué cosa haré para confiar en Dios y comenzar a estar más atenta a su voluntad y a su plan para mis días?

UNA ORACIÓN PARA HACER

Padre de todo lo bueno, tu Palabra ha llegado a mi corazón, y me he dado cuenta de que tengo que vigilar mi boca. Tú me dices que no hable mal de nadie ni participe de los chismes, y también me dices que no presuma de mis grandes planes. Tengo que pensar en ti más a menudo, ¡todo el tiempo, en realidad! Así que usaré mi boca para bendecir a otros en lugar de hablar mal de ellos. Quiero que tú estés en el centro de todos mis planes, y confío en que tú me vas a guiar. Ayúdame a saber, hacer y hablar lo bueno. Te amo, Dios Padre, ¡muchísimo! Amén.

SABIDURÍA DE SANTIAGO

"Hermanos, no hablen mal unos de otros".
Santiago 4:11

"Tú, en cambio, ¿quién eres para juzgar a tu prójimo?".
Santiago 4:12

"¿Qué es su vida? Ustedes son como la niebla, que aparece por un momento y luego se desvanece".
Santiago 4:14

"Más bien, debieran decir: 'Si el Señor quiere, viviremos y haremos esto o aquello'".
Santiago 4:15

"Así que comete pecado todo el que sabe hacer el bien y no lo hace".
Santiago 4:17

9

¿Qué hay en tu corazón?

SANTIAGO 5:1-9

1 Ahora escuchen, ustedes los ricos: ¡lloren a gritos por las calamidades que se les vienen encima!

2 Se ha podrido su riqueza, y sus ropas están comidas por la polilla.

3 Se han oxidado su oro y su plata. Ese óxido dará testimonio contra ustedes y consumirá como fuego sus cuerpos. Han amontonado riquezas, ¡y eso que estamos en los últimos tiempos!

4 Oigan cómo clama contra ustedes el salario no pagado a los obreros que les trabajaron sus campos. El clamor de esos trabajadores ha llegado a oídos del Señor Todopoderoso.

5 Ustedes han llevado en este mundo una vida de lujo y de placer desenfrenado. Lo que han hecho es engordar para el día de la matanza.

6 Han condenado y matado al justo sin que él les ofreciera resistencia.

7 Por tanto, hermanos, tengan paciencia hasta la venida del Señor. Miren cómo espera el agricultor a que la tierra dé su precioso fruto y con qué paciencia aguarda las temporadas de lluvia.

8 Así también ustedes, manténganse firmes y aguarden con paciencia la venida del Señor, que ya se acerca.

9 No se quejen unos de otros, hermanos, para que no sean juzgados. ¡El juez ya está a la puerta!

Una mirada rápida a unos estudios en Internet nos revela cómo eligen las jóvenes gastarse el dinero. ¿Te puedes creer que la comida (incluyendo Starbucks) estaba en primer lugar? A esta categoría le sigue la ropa, el maquillaje y los accesorios. Sí, ¡eso me suena a nosotras, las jóvenes!

¿Alguna vez has ahorrado dinero en una alcancía en tu casa o en una cuenta bancaria? Quizá tus padres te dan una paga. Quizá tienen una lista de tareas que puedes hacer para ganar un poco de dinero extra. Puede que tengas otras tareas como cuidar las mascotas de otras personas mientras están de vacaciones, o ayudarles a aspirar y quitar el polvo de sus casas. A lo mejor haces galletas con pepitas de chocolate y tienes un puesto de limonada y galletas en la calle de tu barrio. Quizá vendes manualidades o bisutería que haces tú misma. Puede que incluso tus abuelos te den dinero en tu cumpleaños o en Navidad... ¡Genial!

Hay muchas maneras de poder ganar dinero. ¡Solamente asegúrate de que tienes el permiso y consejo de tus padres antes de gastarlo!

Tener algo de dinero significa que también tienes algunas responsabilidades y decisiones que debes considerar sobre qué hacer con tu dinero. En el capítulo 5, Santiago tiene un mensaje muy importante y práctico para nosotras sobre el dinero y nuestro corazón. Lee solamente las dos primeras palabras del versículo 1. Sin duda entenderás la urgencia que tiene su mensaje. Escríbelas en los espacios en blanco, y después aprenderemos unas cuantas cosas sobre lo que Dios dice del dinero y tu corazón.

"_______________ _________________________".

Guarda tu corazón

Santiago capta nuestro interés cuando escribe: "Ahora escuchen…". Definitivamente, ¡suena a que nos quiere dar un toque de atención! Santiago les está hablando a las personas que tienen más dinero del que necesitan para vivir cada día. No los condena por tener dinero, pero sí los condena por malgastar su dinero. Les está diciendo a estas "personas ricas" que estén atentas y que escuchen un aviso urgente. Este es el mensaje del versículo 1:

"Ahora escuchen, ustedes los _____________________:
¡___________________ a ___________________ por las
_______________________________________ que se les
_________________ _________________!".

En los versículos 2 y 3, Santiago entrega el primer mensaje que tiene para la gente rica, que avariciosamente acumuló su dinero:

"Se ha ______________________ su riqueza, y sus ______________ están ___________________ por la polilla. Se han ___________________ su ________ y su ______________".

En un momento volveremos al versículo 3, pero por ahora vamos a echarle un vistazo a varias verdades que Jesús dijo en Mateo 6:19-20. Primero, Jesús nos dice lo que *no* tenemos que hacer.

"No acumulen para sí tesoros en la tierra, donde la polilla y el óxido destruyen, y donde los ladrones se meten a robar" (v. 19).

Por cierto: Aquí, "acumular" significa ahorrar más dinero del que necesitas, con un matiz de avaricia. Las personas suelen hacer esto porque están preocupadas, tienen miedo o son avariciosas.

Échale otro vistazo a Mateo 6:19 y subraya el mandamiento de Jesús. Después escribe dos maneras en las que el versículo 19 dice que podemos perder nuestros "tesoros" (dinero o cosas que poseemos):

"...donde la ________________ y el ______________ destruyen, y donde los _________________________ se ______________ a ______________".

A continuación, Jesús nos dice lo que sí deberíamos hacer:

> "Más bien, acumulen para sí tesoros en el cielo, donde ni la polilla ni el óxido carcomen, ni los ladrones se meten a robar" (Mateo 6:20).

Jesús quiere que enfoquemos nuestro corazón en el cielo, no en la tierra, donde están nuestros tesoros terrenales. Quiere que sepamos que todo lo que tenemos en la tierra, un día desaparecerá y esas cosas terrenales no nos servirán para nada en la eternidad, en el cielo. ¡La verdad es que ni siquiera necesitaremos esos tesoros terrenales en el cielo!

Después, Jesús nos da un principio por el que vivir en Mateo 6:21:

> "Porque donde esté tu tesoro, allí estará también tu corazón".

En otras palabras, si tu tesoro está en el cielo, ¡ahí es donde estará tu corazón!

Por cierto: No está mal ganar dinero o tener dinero. De hecho, hay muchos mandamientos en la Biblia que nos dicen que trabajemos duro, nos ocupemos de las necesidades de nuestra familia, que ganemos dinero, que lo usemos sabiamente y demos a los pobres. Pero, sin ninguna duda, *no* debemos amar el dinero.

Sea cual sea la cantidad de dinero que tengas, eres responsable de su uso. Tienes que tomar decisiones acerca de qué haces con tu dinero. La Biblia dice que tienes que...

- Administrarlo: saber de dónde viene tu dinero y a dónde va.
- Dar parte de ello a la iglesia.
- Mantener tus ojos, oídos y corazón abiertos a las buenas causas y a personas que tienen necesidad.
- Ahorrar parte de ello.
- Gastar otra parte en regalos, o en algo especial para lo que hayas ahorrado.
- Incluir a tus padres en tus planes y decisiones. Ellos tienen años de sabiduría y experiencia administrando dinero. Probablemente hayan aprendido un par de cosas por las malas, y estarán felices de guiarte y guardarte.[9]

Guárdate de la avaricia

Volvamos ahora a Santiago, donde cambia a otro tema en Santiago 5, versículo 4. Es evidente que ¡estas personas ricas no estaban pagando a sus trabajadores! Tenían el dinero para hacerlo, pero, en lugar de darles el salario o el sueldo, estas personas ricas se estaban quedando el dinero para ellas mismas. En el versículo 4, Santiago le da voz al *salario*:

"____________________ cómo ____________________

____________________ ustedes el salario no pagado a los

________________ que les ____________________

sus campos".

Después, Santiago, en el versículo 4, hace referencia a la voz de los ***trabajadores***:

"El clamor de esos ______________________________

_____ ha llegado a _____________ del ___________

___________________________________".

Aquí tienes un triste resumen de lo que les sucedía a los pobres a quienes no les pagaban. Esto te ayudará a entender la gravedad del pecado que los ricos estaban cometiendo contra los pobres:

> "Los obreros que Santiago menciona aquí probablemente son obreros pobres. Los pobres que no podían pagar sus deudas eran metidos en la cárcel o forzados a vender todas sus posesiones y, a veces, incluso vender a sus familiares como esclavos. Sin ninguna oportunidad de saldar sus deudas trabajando, las personas pobres a menudo morían de hambre".[10]

Proverbios 3:27-28 nos da estas instrucciones que debemos recordar cuando es hora de dejar ir nuestro dinero:

"No niegues un favor a quien te lo pida
    si en tu mano está el otorgarlo.
Nunca digas a tu prójimo:
    'Vuelve más tarde; te ayudaré mañana',
    si hoy tienes con qué ayudarlo".

Guárdate de la preocupación

Después de reprender a los ricos por maltratar a los obreros pobres, Santiago tiene un mensaje para compartir con aquellos que son pobres y sufren, que sale de su corazón.

Versículo 7:

"Por tanto, hermanos, tengan paciencia hasta la ______ ______________ del ______________. Miren cómo espera el agricultor a que la ______________ dé su ______________ ______________ y con qué paciencia ______________ las ______________ de lluvia".

Versículo 8:

"Así también ustedes, ______________ ______ ______________ y aguarden con paciencia la ______________ del ______________, que ya se acerca".

Versículo 9:

"No se ______________ unos de ______________, hermanos, para que no ______________ ______________ ______________. ¡El juez ______ está a la ______________!".

¿Qué dice Santiago que hagan los pobres y los que sufren en el versículo 7?

"...tengan ______________________________".

¿Qué dice Santiago que hagan los pobres en el versículo 8?

"...manténganse _____________ y ____________________

con ________________________...".

En el versículo 7, ¿hasta cuándo anima Santiago a que sean pacientes a aquellos que sufren?

"...hasta la ____________________ del ________________".

Y en el versículo 8, ¿qué motivo les da para que sean pacientes y se mantengan firmes?

"...la ____________________ del _________________, que ya

se ____________________".

En seis palabras, en el versículo 9, ¿qué les dice Santiago que *no* hagan a los que sufren?

"No se ________________________ __________________ de

________________".

Aquí tienes una ley de vida para recordar. Jesús lo dijo: "En este mundo afrontarán aflicciones" (Juan 16:33). Estos trabajadores pobres tenían aflicciones, y tú también las tendrás. Ellos se preocupaban, y tú también lo harás. ¿Estás preguntándote cómo puedes superar tus aflicciones, tiempos difíciles y problemas dolorosos? Haz lo que dijo Santiago:

Sé paciente.
Mantente firme.
No te quejes contra los demás.

Cuando te estés preocupando por tu día, tus problemas y tus aflicciones, recuerda lo que Jesús dice en Juan 16:33: "... pero ¡anímense! Yo he vencido al mundo".

UNA MIRADA A TU CORAZÓN

Me gusta mucho lo que dijo Jesús acerca del corazón en Mateo 6:21. Incluso lo he memorizado:

"Porque donde esté tu tesoro, allí estará también tu corazón".

Dios nos da todo tipo de tesoros. Piénsalo: te da padres que te quieren, una familia, un lugar donde vivir, y la oportunidad de ir a la escuela y tener una educación. Probablemente tengas suficiente comida, amigos, ¡e incluso algunos pasatiempos! En la escuela estás aprendiendo y creciendo para prepararte para el futuro.

Como has visto en este capítulo, ¡el dinero está muy abajo en la lista de las cosas que tienes que tener sí o sí! En lugar de eso, enfoca tu corazón hacia lo que ya tienes. Dale gracias de corazón a Dios por cómo te ha bendecido. Ora cada día, y varias veces a lo largo del día, desde lo profundo de tu corazón por tus retos y por otras personas. Y abre tu corazón a medida que vives en un mundo donde la mayoría de las personas tienen menos que tú.

UNA REVISIÓN DE TU CORAZÓN

¿Te cuesta dar un poco de tu dinero en la iglesia? Si eres como la mayoría de las personas, al principio no querrás dar. Después empezarás a entender que sí debes hacerlo. Leí un artículo para jóvenes que decía que tienes que ser una buena administradora del dinero que tienes hoy, ¡incluso si solamente tienes unas pocas monedas en tu alcancía! Si esto te describe, la próxima vez que vayas a la iglesia comienza dando el diez por ciento (a esto a menudo se le llama "diezmar"), aunque sea tan solo una moneda de poco valor.

Aquí tienes una lista que te puede ayudar a ver lo que está, o no está, en tu bolso... y en tu corazón:

___ Diezmar religiosamente.

___ Dar libremente.

___ Gastar sabiamente.

___ Ahorrar abundantemente.

___ Invertir cuidadosamente.

___ Hacer habitualmente un presupuesto.[11]

Marca todas las respuestas que necesitas empezar o que necesitas mejorar inmediatamente.

UNA ORACIÓN PARA HACER

Jesús, ¡sé en mi corazón que me gustaría tener un poco más de dinero! Pero gracias por enseñarme que el dinero que tengo debo cuidarlo y usarlo sabiamente. Ayúdame a ser una buena trabajadora, a dar en mi iglesia, a prestar atención a las personas necesitadas, a sorprender a menudo a mis hermanos y hermanas con pequeñas sorpresas (¡y por supuesto, a mamá y a papá también!) y pensar, y orar, antes de gastar mi dinero. En lo más hondo de mi corazón quiero ser alguien que da amor y ánimo (y dinero) a otras personas. Como tú dijiste, donde está mi tesoro, allí también estará mi corazón. Quiero que esté contigo, Jesús, ¡y quiero ser como tú! Te amo. Amén.

SABIDURÍA DE SANTIAGO

"...tengan paciencia hasta la venida del Señor".
Santiago 5:7

"...manténganse firmes y aguarden con paciencia la venida del Señor, que ya se acerca".
Santiago 5:8

"No se quejen unos de otros".
Santiago 5:9

10

Cómo llegar a ser una jovencita conforme al corazón de Dios

SANTIAGO 5:10-20

10 Hermanos, tomen como ejemplo de sufrimiento y de
paciencia a los profetas que hablaron en el nombre del
Señor.
11 En verdad, consideramos dichosos a los que persevera-
ron. Ustedes han oído hablar de la perseverancia de Job,
y han visto lo que al final le dio el Señor. Es que el Señor
es muy compasivo y misericordioso.
12 Sobre todo, hermanos míos, no juren ni por el cielo ni
por la tierra ni por ninguna otra cosa. Que su «sí» sea
«sí», y su «no», «no», para que no sean condenados.
13 ¿Está afligido alguno entre ustedes? Que ore. ¿Está
alguno de buen ánimo? Que cante alabanzas.
14 ¿Está enfermo alguno de ustedes? Haga llamar a los
ancianos de la iglesia para que oren por él y lo unjan con
aceite en el nombre del Señor.

15 La oración de fe sanará al enfermo y el Señor lo levantará. Y, si ha pecado, su pecado se le perdonará.
16 Por eso, confiésense unos a otros sus pecados, y oren unos por otros, para que sean sanados. La oración del justo es poderosa y eficaz.
17 Elías era un hombre con debilidades como las nuestras. Con fervor oró que no lloviera, y no llovió sobre la tierra durante tres años y medio.
18 Volvió a orar, y el cielo dio su lluvia y la tierra produjo sus frutos.
19 Hermanos míos, si alguno de ustedes se extravía de la verdad, y otro lo hace volver a ella,
20 recuerden que quien hace volver a un pecador de su extravío lo salvará de la muerte y cubrirá muchísimos pecados.

¿Alguna vez has visto un programa de televisión que empezaba con las palabras: "En anteriores capítulos..."? A estas palabras le sigue un breve resumen de lo que sucedió en el capítulo anterior. Tus maestros probablemente hacen lo mismo. A menudo empiezan sus clases con un repaso de lo que ya has aprendido antes de comenzar un material nuevo.

Bueno, amiga, vamos a repasar lo que ha estado pasando en Santiago 5, y después avanzaremos con el material nuevo. "En anteriores versículos" de Santiago 5:1-9,

— Santiago nos habló sobre el dinero.

— Santiago estaba especialmente triste porque quienes tenían dinero no pagaban a sus obreros.

— Santiago les dijo a los ricos que estaban pecando contra los pobres.

— Santiago animó a los obreros pobres a tener paciencia, no rendirse, y no murmurar y pelearse entre ellos. ¿Por qué? ¡Sigue leyendo!

— Santiago les explicó: Porque viene el Señor. "... aguarden con paciencia la venida del Señor, que ya se acerca". En efecto "¡El juez ya está a la puerta!" (Santiago 5:7-9). En lugar de preocuparse, aquellos que estaban sufriendo debían ser pacientes y confiar en Dios.

No se preocupen por nada

Ya sabes que a Santiago le encanta ilustrar las verdades que está compartiendo con sus lectores, ¡y con nosotras! Después de decirles a quienes sufrían que fueran pacientes, Santiago les dio varios ejemplos de personas que sufrieron pacientemente. Quería que estos ejemplos animaran y fortalecieran a aquellos que tenían que levantarse y enfrentar una gran presión. Con los versículos de la Biblia, llena estos espacios en blanco:

El ejemplo en el versículo 10: "Hermanos, tomen como ejemplo de sufrimiento y de paciencia

a los ____________________ que hablaron en el

______________ del ____________".

El ejemplo en el versículo 11: "...Ustedes han oído hablar de la...

________________________________ de ___________, y han visto lo que al final le ___________ el ______________".

¿Qué aprendes del Señor en el versículo 11?

"...el Señor es _________ ____________________ y ______________________________".

Los profetas de Dios sufrieron... y perseveraron pacientemente. Job sufrió... y él también perseveró pacientemente. Cuando estés sufriendo, recuerda que aquellos que vinieron antes de ti también sufrieron. Toma aliento de sus ejemplos de fe y resistencia. Con la ayuda y la gracia de Dios, tú también puedes perseverar pacientemente hasta atravesar tus momentos difíciles.

Cuida tus palabras

"En anteriores versículos" de Santiago capítulo 5, Santiago les dijo a aquellos que sufrían que...

— fueran pacientes (v. 8),

— se mantuvieran firmes (v. 8), y que

— no murmuraran unos contra otros (v. 9).

Santiago ahora continúa con su consejo hacia aquellos que sufren. En el versículo 12 les dice:

"Sobre todo, hermanos míos, no ______________ ni por el ______________ ni por la ________________ ni por ninguna otra ___________".

En lugar de jurar por algo o alguien, Santiago dice en el versículo 12:

"Que su '_____' sea '_____', y su '_____', '_____'...".

¿Alguna vez has escuchado a alguien decir: "lo juro por Dios"? Yo incluso he oído a personas decir: "lo juro por un montón de Biblias" o "lo juro por la tumba de mi madre". Bien, pues esto es exactamente lo que Santiago no quiere que hagan los que creen en Cristo. Lo único que tenemos que decir es "sí" o "no" a las preguntas que recibimos. Un maestro de la Biblia nos da este consejo:

"Siempre sé honesto para que todos crean tus 'síes' y tus 'noes'. Al evitar mentiras, medias verdades y omisiones de la verdad, te convertirás en una persona digna de confianza".[12]

Por cierto: Lo que Santiago nos está diciendo se remonta a los Diez Mandamientos. El tercer mandamiento dice: "No uses el nombre del Señor tu Dios en falso. Yo, el Señor, no tendré por inocente a quien se atreva a usar mi nombre en falso" (Éxodo 20:7).

Sé fiel en orar

Me encanta estudiar la Biblia, pero siempre tengo que preguntar: "¿Y qué? ¿Cómo pueden estas verdades cambiar mi vida? ¿Qué tengo que hacer para poner estas verdades en práctica, para vivir por fe?".

Por eso me gusta tanto el modo en que Santiago termina su carta, el libro de Santiago. Santiago era un hombre extremadamente práctico, y a estas alturas sabes que el libro de Santiago es un libro extremadamente práctico. Como escribió el mismo maestro bíblico que mencioné antes: el libro de Santiago "explica con detalle lo que significa seguir a Jesús cada día".[13] ¡Eso sí que es práctico!

Las instrucciones de Santiago están llenas de sencilla sabiduría. Hay muchos ejemplos en el libro de Santiago que nos ayudan a entender lo que está enseñando. Hay muchas listas que nos dicen exactamente qué hacer, y qué no hacer.

Según avances por el resto de esta carta, escribe las instrucciones de Santiago en estos espacios en blanco:

Versículo 13: "¿Está afligido alguno entre ustedes?

Que ________".

Versículo 13: "¿Está alguno de buen ánimo?

Que ________ ________".

Versículo 14: "¿Está enfermo alguno de ustedes?

Haga llamar a los ________ de la ________ para que ________

__________ ________ y lo _________________ con
__________________ en el _________________ del
______________".

¡Asegúrate de leer el versículo 15 para ver los emocionantes resultados del ministerio de "la oración de fe" y el tierno amor que se da a los enfermos!

¿Estás entendiendo el mensaje de Dios? ¡Tienes que ser fiel en orar!

En la última lista, Santiago escribe en el versículo 16:

"...confiésense ______________ a ________________
_________ ___________________, y ___________
____________ por _______________, para que sean
sanados".

¿Por qué deberíamos orar unos por otros? Santiago nos dice en el versículo 16:

"La ___________________ del _______________ es
______________________ y ________________".

Échale un vistazo otra vez a los espacios en blanco que completaste en los versículos 13-16 y rodea en un círculo las palabras "oren", "ore" y "oración" cada vez que se usen. ¿Te das cuenta de cuán importante es tu vida de oración? En estos cuatro versículos, los versículos 13-16, la oración es parte de la respuesta a cada problema de la lista:

- ¿Alguno tiene problemas? Que ore.

- ¿Está alguno contento? Que cante alabanzas, que es otra forma de oración.
- ¿Está alguno enfermo? Que llame a los ancianos para que oren.
- ¿Ha pecado alguno? Que oren por ellos.

En el versículo 10, Santiago nos dijo: "tomen como ejemplo de sufrimiento y de paciencia a los profetas que hablaron en el nombre del Señor". Bien, en el versículo 17, Santiago hace precisamente eso. Usa al profeta Elías como otro ejemplo de oración poderosa y efectiva. ¿Cómo se describe a Elías?

" Elías era un ____________ con ____________ ____________ como las ____________".

¿Por qué oró Elías?

"...oró que ________ ____________".

¿Qué pasó?

"...no ____________ ____________ la ____________ durante ____________ años y ____________".

Cuando Elías oró de nuevo, ¿qué pasó (v. 18)?

"...el cielo ____________ su ____________ y la tierra ____________ sus ____________".

¡Ora, amiga mía! Preséntate ante Dios cada mañana y ora por tu corazón y por tu día. Ora para ser una jovencita de Dios, una jovencita conforme a su corazón. Ten una lista de las personas que necesitan tus oraciones. Y mantén una conversación constante con Dios. Piensa en cada aliento como una oportunidad para exhalar una oración a Dios. Ten en mente el gozo que tendrás mientras hablas con Dios.

Sé atenta con los demás

Santiago termina su carta rogando a los cristianos que cuiden a otros cristianos: que practiquen el amor cristiano. Es fácil ser egoísta y egocéntrica. Estos pecados nos salen naturalmente. Hay una expresión que dice: "Yo, mi, me, conmigo". Pero estar atenta a los demás viene del corazón, un corazón que permanece en el amor de Jesús y enfoca el amor de Jesús hacia otros. En el versículo 19, ¿qué debemos hacer cuando un cristiano que conocemos se extravía de la verdad? Debemos intentar hacerle...

"...________________________ a __________________"

Un estudio bíblico explica: "Podemos hacer eso tomando la iniciativa, orando por la persona, y actuando en amor para tener un encuentro con él o ella donde esté y llevarlo de regreso a Dios".[14]

UNA MIRADA A TU CORAZÓN

Ser una jovencita conforme al corazón de Dios tiene que ver con tu corazón. Tu corazón amoroso notará cuando una amiga esté pasando por problemas. Tu corazón amoroso se preocupará lo suficiente como para empezar a orar por esa amiga. Y tu corazón amoroso querrá averiguar qué puedes hacer para ayudar a esa amiga. Asegúrate de hablar con tus padres sobre tus preocupaciones por tus amigos. Tus padres tendrán sabiduría para hablarte y buenos consejos que podrás seguir. ¡Ellos también pueden orar por tu amiga!

Al terminar, el libro de Santiago nos dice en el último versículo: "...recuerden que quien hace volver a un pecador de su extravío lo salvará de la muerte y cubrirá muchísimos pecados". ¡Qué bendición es amarnos y ayudarnos unos a otros a mantenernos cerca de Dios!

UNA REVISIÓN DE TU CORAZÓN

Vuelve a echar un vistazo rápido a esta lección y a los mensajes que Santiago te manda. Después, ora y pregúntale a Dios: "¿Estoy haciendo crecer estas cualidades en mi vida? ¿Estoy...

— no preocupándome por nada?

— teniendo cuidado con lo que digo?

— siendo fiel en orar?

— atenta a las necesidades de los demás?".

Sabrás que estás siguiendo el corazón de Dios cuando...

...en lugar de estar preocupada, experimentes la paz de Dios, que sobrepasa todo entendimiento (Filipenses 4:6-7).

...en lugar de escupir palabras que dañan y hieren a las personas, tu conversación sea siempre amena y de buen gusto (Colosenses 4:6).

...en lugar de olvidarte de orar, ores fielmente, frecuentemente y fervientemente (Santiago 5:16).

...en lugar de mirar hacia otro lado o ignorar a otros, los ames y les honres (Romanos 12:10).

Vuelve ahora a "Una revisión de tu corazón", y elige una cualidad o práctica con la que quieras trabajar esta semana.

UNA ORACIÓN PARA HACER

Señor de toda misericordia y compasión, me encanta pensar en ti y orar a ti. Tengo que admitir que después de pasar por una ***revisión de mi corazón*** *y de terminar este libro, me doy cuenta de que tengo que empezar mi cambio radical espiritual inmediatamente... y empezarlo con oración. Oración cada mañana y oración durante el día entero. Tú siempre estás conmigo, así que siempre puedo hablar contigo. Y te doy gracias, Señor, porque siempre puedo contar con tu ayuda mientras hablo contigo de las cosas. Quiero ser una jovencita conforme a tu corazón, seguirte todos los días* *de mi vida y andar en todos tus caminos. Ayúdame a ser tu chica en casa y cuando estoy con otras jóvenes. Quiero ser una bendición para ti y para las personas en mi vida. Quiero que todos sepan que tú eres mi mejor amigo por siempre y que te pertenezco. ¡Te amo, Señor! Amén.*

SABIDURÍA DE SANTIAGO

"...el Señor es muy compasivo y misericordioso".
Santiago 5:11

"Sobre todo, hermanos míos, no juren ni por el cielo ni por la tierra ni por ninguna otra cosa. Que su 'sí' sea 'sí', y su 'no', 'no'".
Santiago 5:12

"La oración del justo es poderosa y eficaz".
Santiago 5:16

Tu viaje con Jesús

¡Vaya, qué viaje! No puedo creer la cantidad de cosas sobre las que hemos hablado en nuestra aventura por el libro de Santiago. Espero sinceramente que hayas disfrutado nuestra aventura. ¡Sé que yo sí lo he hecho!

Según viajábamos, hemos visto algunas de las áreas clave en la vida de una jovencita. También hemos hablado sobre qué significa ser una jovencita conforme al corazón de Dios, una jovencita que conoce a Dios y quiere hacer su voluntad: que quiere vivir su fe.

Antes de que cada una tome su camino y nos separemos, tengo una cosa muy, muy importante para compartir contigo. ¿Te has dado cuenta de que a lo largo de este libro hemos hablado mucho sobre Dios y sobre ser cristiana? Quizá has estado preguntándote: "¿Qué significa ser cristiana? ¿Soy yo cristiana? ¿Cómo puedo convertirme en cristiana?".

A estas alturas probablemente no te sorprenda saber que la Biblia nos dice cómo tener una relación personal con Dios a través de su Hijo Jesús. También nos da información muy básica. Aquí tienes unos cuantos versículos que a menudo se denominan "El camino de Romanos". Todos los versículos son del libro de Romanos en el Nuevo Testamento de la Biblia.

El camino de Romanos

Romanos 3:23 te habla sobre tu condición de pecado: "Pues todos han pecado y están privados de la gloria de Dios".

Romanos 6:23 te muestra el resultado de tu condición de pecado y revela el regalo que Dios te ofrece en su lugar: "Porque la paga del pecado es muerte, mientras que la dádiva de Dios es vida eterna en Cristo Jesús, nuestro Señor".

Romanos 5:8 señala la gracia y el amor de Dios hacia ti, y la solución de Cristo a tu condición de pecado: "Pero Dios demuestra su amor por nosotros en esto: en que cuando todavía éramos pecadores, Cristo murió por nosotros".

Romanos 10:9-10 revela algunos pasos que dar para convertirte en cristiana: "Si confiesas con tu boca que Jesús es el Señor y crees en tu corazón que Dios lo levantó de entre los muertos, serás salvo. Porque con el corazón se cree para ser justificado, pero con la boca se confiesa para ser salvo".

A menudo conozco a jóvenes, y a señoras, que no están seguras de si son cristianas. Quieren ser cristianas, pero no saben cómo. Tengo que decir que ¡yo me preguntaba lo mismo! ¡Nadie compartió esta información conmigo hasta que tuve 28 años!

La manera de ser cristiana es recibiendo a Jesucristo como tu Salvador personal. Si ser hija de Dios y ser cristiana es el deseo de tu corazón, puedes hacer, desde tu corazón, una oración sincera como la siguiente:

Una oración para hacer

Dios, quiero ser tu hija, una verdadera jovencita conforme a tu corazón, una jovencita que vive su vida en ti, a través de ti y para ti, no para mí misma. Admito que peco y que a menudo no hago lo que tú dices que está bien. Recibo a tu Hijo, Jesucristo, en mi corazón necesitado. Te doy gracias porque Él murió en la cruz por mis pecados. Gracias por darme tu gracia y tu fuerza para que pueda seguirte con todo mi corazón. Amén.

Continuarás caminando con Jesús durante el resto de tu vida. Continuarás tu viaje con Jesús y serás cada vez más como Él según pasen los años. Por ejemplo...

- **Crecerás en fe.** En tu Biblia, conocerás más sobre Dios y lo que Él quiere que seas y hagas mientras vives tu fe en Él.
- **Crecerás en amor:** amor por Jesús, amor por tu familia y amor por otros.

- **Crecerás en el conocimiento de la Palabra de Dios** al leer tu Biblia, ir a la iglesia y rodearte de amigos que también aman a Jesús.
- **Crecerás en sabiduría** para que no cometas demasiados errores. Aprenderás qué está bien y qué está mal, y a tomar decisiones sabias a medida que lees tu Biblia y hablas con tus padres y con otros cristianos.
- **Crecerás en la gracia de Dios** al chocar con los obstáculos y baches del camino y experimentar pruebas. Pero alaba a Dios; su gracia es suficiente para sostenerte y enseñarte cómo manejar tus problemas.
- **Crecerás en alegría** a medida que te enamores más y más de Jesús y camines con Él de cerca. El gozo del Señor te fortalecerá para cada reto. Y conocerás el verdadero gozo cuando Dios te recompense por cada victoria, éxito y logro que experimentes por su gracia.

Dios tiene grandes planes para ti. Terminar este libro es solamente un paso hacia descubrir su plan. Así que, ¡felicidades por completar esta parte del viaje de llegar a ser una jovencita conforme al corazón de Dios! Sigue viviendo tu fe. ¡Tu aventura acaba de comenzar!

Notas

1. Youth for Christ, *Life Application Bible* (Wheaton: Tyndale House, 1988), p. 1917.
2. Grant R. Osborne, ed., *James (Life Application Bible Commentary)* (Wheaton; Tyndale House, 1992), pp. 22-23.
3. Robert Whipple, "Favoritism Is a Huge Problem", *Leadergrow*, https://leadergrow.com/articles/43-favoritism-is-a-huge-problem.
4. Osborne, *James*, p. 52.
5. "Unfair Judges" en *God's Words of Life for Teens* (Grand Rapids, MI: Zondervan, 2000), p. 15.
6. Adaptado de M. R. DeHaan y H. G . Bosch, *Our Daily Bread* (Grand Rapids, MI: Zondervan, 1959), 26 de diciembre.
7. Adaptado de Youth for Christ, *Life Application Bible*, p. 1922.
8. Adaptado de *Checklist for Life for Teens* (Nashville, TN: Thomas Nelson Publishers, 2002), p. 33.
9. Ver 1 Corintios 4:2; 2 Corintios 9:7; Gálatas 2:10; Efesios 6:1-2.
10. Youth for Christ, *Life Application Bible*, p. 1924.
11. *Checklist for Life for Teens*, p. 248.
12. Osborne, *James*, p. 136.
13. Osborne, *James*, p. 146.
14. Youth for Christ, *Life Application Bible*, p. 1925.

EDITORIAL
PORTAVOZ

NUESTRA VISIÓN

Maximizar el efecto de recursos cristianos de calidad que transforman vidas.

NUESTRA MISIÓN

Desarrollar y distribuir productos de calidad —con integridad y excelencia—, desde una perspectiva bíblica y confiable, que animen a las personas a conocer y servir a Jesucristo.

NUESTROS VALORES

Nuestros valores se encuentran fundamentados en la Biblia, fuente de toda verdad para hoy y para siempre. Nosotros ponemos en práctica estas verdades bíblicas como fundamento para las decisiones, normas y productos de nuestra compañía.

Valoramos la excelencia y la calidad.
Valoramos la integridad y la confianza.
Valoramos el mérito y la dignidad de los individuos y las relaciones.
Valoramos el servicio.
Valoramos la administración de los recursos.

Para más información acerca de nuestra editorial y los productos que publicamos visite nuestra página en la red: www.portavoz.com.